Fettarm frittieren mit dem

Airfryer

Einfach, günstig und gesund kochen mit der Heißluftfritteuse

Nathan Anthony

Fettarm frittieren mit dem

Airfryer

Einfach, günstig und gesund kochen mit der Heißluftfritteuse

80 geniale Rezepte für Fingerfood, Salate, Sattmacher und Süßes

südwest

Inhalt

Willkommen!

Willkommen zu meinem zweiten Bored-of-Lunch-Buch. Sollten Sie *Bored of Lunch* noch nicht kennen, verspreche ich Ihnen: Sie werden die Bücher lieben!

Zuerst kurz zu mir. Ich heiße Nathan und bin weder Profikoch noch für die Lebensmittelindustrie tätig. Ich bin »nur« ein leidenschaftlicher Hobbykoch mit einem Vollzeitjob, weshalb die Rezepte in diesem Buch ebenso wie die, die ich online poste, für all diejenigen maßgeschneidert sind, die gesund und lecker essen, dafür aber nicht stundenlang in der Küche stehen wollen.

Mein erstes Buch, *The Healthy Slow Cooker Book*, erschien im englischen Original im Januar 2023; mit ihm wollte ich Menschen, die sich gesund (oder manchmal auch nur gesünder) ernähren wollen, den erstaunlich zeitsparenden Schongarer näherbringen. Und nun ist die Heißluftfritteuse an der Reihe.

Jeder, der mir bereits online folgt, weiß, wie sehr ich dieses Küchengerät liebe. Mit ihm kann man nicht nur fettreduziertere Versionen seiner Lieblingsgerichte zubereiten, es geht damit auch viel schneller als im Ofen und spart obendrein noch kostspielige Energie.

Ich bin zwar kein Ernährungsexperte und komme auch nicht aus der Fitnessbranche, zähle aber trotzdem Kalorien, weil ich wissen will, was ich pro Woche zu mir nehme. Deshalb habe ich bei jedem Rezept auch die enthaltenen Kalorien angegeben – was nicht bedeutet, dass alle Rezepte in diesem Buch besonders »schlank« oder kalorienreduziert wären. Ich wollte vor allem ein breites Spektrum an Rezepten bieten, die helfen sollen, Gerichte zuzubereiten, die nicht nur nahrhaft sind, sondern auch satt machen.

Im Kapitel »Fakeaways« (siehe S. 120–149) finden Sie tolle Takeaway-Gerichte zum Selbermachen. Das Kapitel »Abendessen unter der Woche« (siehe S. 88–119) bietet Ideen für kalorienarme Gerichte nach der Arbeit. Das Kapitel »Schnelles Mittagessen« (siehe S. 48–87) versammelt jede Menge zeitsparende Mittagsmahlzeiten. Mit den Vorspeisen und Snacks, den Beilagen und den süßen Leckereien gibt es also Gerichte für jeden Anlass, egal, für wen Sie kochen. Ich hoffe, sie schmecken Ihnen – und teilen Sie Ihre Ergebnisse unbedingt in den Sozialen Medien mit mir!

Herzlichst
Nathan

So funktioniert die Heißluftfritteuse

Meiner Ansicht nach gehört die Heißluftfritteuse zu den besten Küchengeräten, die Sie in Ihrem »Arsenal« haben können, vor allem wenn Sie Kalorien zählen oder abnehmen wollen. Die genialen Geräte reduzieren die erforderliche Menge Öl beim Frittieren erheblich, da sie, wie der Name schon vermuten lässt, mit heißer Luft arbeiten. Das tut dem Geschmack allerdings keinen Abbruch, denn das Frittierte ist auch mit heißer Luft so knusprig, wie wir es von ihm erwarten. Darüber hinaus geht das Ganze durch den kleinen Garraum, durch den die heiße Luft geblasen wird, auch noch schneller. Und nicht zuletzt ist die Zubereitung in der Heißluftfritteuse kosteneffizienter, da die Geräte viel weniger Energie verbrauchen als beispielsweise der traditionelle Ofen oder Herd. Zeit, Geld und Kalorien sparen, und das alles gleichzeitig und ohne Geschmackseinbußen – was will man mehr?

Da jede Heißluftfritteuse etwas anders ist und selbst bei gleicher Temperatureinstellung die Dinge schneller oder weniger schnell frittiert, sollten Sie sich zunächst mit Ihrem Gerät vertraut machen. Vielleicht müssen Sie die in den Rezepten angegebenen Zeiten um eine oder zwei Minuten verlängern oder verkürzen, aber das finden Sie schnell heraus. Ich kenne meine Heißluftfritteuse inzwischen wie meine eigene Westentasche.

Heißluftfritteusen mit Korb oder Schublade sind meist besser als Geräte mit ofenähnlicher Tür. In manchen wird das Frittierte gedreht; diese Geräte würde ich nicht empfehlen, da in ihnen Panaden wie beispielsweise Semmelbrösel an Hühnerfleisch weniger gut haften bleiben. Wenn Sie eine Heißluftfritteuse mit

Schublade haben, können Sie das Gerät während des Frittiervorgangs sanft schütteln, um sicherzustellen, dass nichts am Rand anhaftet und alles gleichmäßig gart.

Heißluftfritteusen für etwa vier Portionen sollten ein Fassungsvermögen von 7,5 Litern haben. Meine verfügt über zwei Schubladen – perfekt, wenn man z. B. Hähnchen und Pommes trennen will. Zudem würde ich immer zu Geräten mit Griff an der Schublade raten. Manche Heißluftfritteusen sind mit Fächern ausgestattet und sehen wie Miniöfen aus. Meiner Erfahrung nach können sie aber auch nicht viel mehr als ein Ofen und liefern nicht die Knusprigkeit, die wir wollen.

Garzeiten und Temperaturen

In der folgenden Tabelle finden Sie die perfekten Garzeiten und Temperaturen für verschiedene Lebensmittel. Wie bereits erwähnt (siehe S. 8), können die Garzeiten von Gerät zu Gerät und je nach Gewicht des Produkts etwas variieren – passen Sie sie entsprechend an. Bei den Größen habe ich mich an den Standardgrößen aus dem Supermarkt orientiert.

FISCH	Kabeljaufilets	10–12 Minuten	200 °C
	Jakobsmuscheln	7–8 Minuten *nach der Hälfte wenden*	200 °C
	Thunfischsteak	12 Minuten	180 °C
	Lachs	12–14 Minuten	180 °C
	Garnelen	7 Minuten	180 °C
GEMÜSE	Kartoffeln (in kleine Stücke geschnitten)	20 Minuten	200 °C
	Kartoffel (ganz)	45 Minuten	200 °C
	Süßkartoffel (ganz)	35 Minuten	200 °C
	Grünkohl	6 Minuten	200 °C
	Champignons (in Scheiben geschnitten)	7 Minuten	200 °C
	Tomaten	6 Minuten	170 °C
	Brokkoliröschen	8 Minuten	200 °C
	Baby-Brokkoli	5–6 Minuten	200 °C
	Spargel	6 Minuten	200 °C

FLEISCH	Hähnchen (ganz)	1 Stunde 15 Minuten	190 °C
	Hähnchenbrustfilet	17–18 Minuten	190 °C
	Hähnchenunterschenkel	22 Minuten	200 °C
	Panierte Hähnchenstreifen	11 Minuten	200 °C
	Hähnchenflügel	15–22 Minuten	200 °C
	Würstchen	15 Minuten	200 °C
	Baconscheiben	8–9 Minuten	190 °C
	Rindfleischburger	12–15 Minuten	190 °C
	Schweinekoteletts	10 Minuten	200 °C
	Steak	8–15 Minuten *je nach Vorliebe*	200 °C
	Lammkarree	22–25 Minuten	200 °C
	Lammkoteletts	11 Minuten	200 °C
TK-LEBENSMITTEL	Panierte Hähnchenstreifen	14 Minuten	190 °C
	Chicken Nuggets	10–11 Minuten	200 °C
	Pommes (dünn geschnitten)	15 Minuten	190 °C
	Pommes (dick geschnitten)	18–20 Minuten	190 °C
	Zwiebelringe	9 Minuten	190 °C
	Fischfilet	12–14 Minuten	200 °C
	Frühlingsrollen	12–14 Minuten	190 °C
	Pizza	10–12 Minuten	190 °C
	Rösti	12 Minuten	200 °C

Basics im Vorratsschrank

In der folgenden Liste finden Sie einige der Zutaten, die ich wenn möglich immer zu Hause habe, weil ich sie häufig brauche und aus ihnen schnell leckere und gesunde Gerichte zubereiten kann. Die Liste ist wie gesagt nicht vollständig, und Sie müssen jetzt auch nicht gleich fluchtartig das Haus verlassen und zum Supermarkt eilen. Ich würde Ihnen lediglich empfehlen, sich nach und nach einen Grundvorrat anzulegen. Wahrscheinlich stehen auf Ihrer Liste dann auch noch andere Dinge als auf meiner.

Ich zähle Kalorien nicht, weil ich Ernährungsexperte oder Fitnessguru wäre – ich zähle Kalorien, weil ich davon überzeugt bin, dass das Kalorienzählen dazu beiträgt, individuelle Ernährungsbedürfnisse und -ziele zu erfüllen und zu erreichen. Es gibt jede Menge Apps online, mit denen Sie die für Ihr Gewicht und Ihre Körpergröße passende Kalorienzufuhr pro Tag berechnen können. Die Kalorienangabe bei meinen Rezepten soll Ihnen den Alltag erleichtern, ob Sie nun abnehmen oder Ihr Gewicht halten wollen.

Für den Geschmack

- Getrocknete Kräuter, insbesondere Oregano, Basilikum, Thymian, Rosmarin und Koriander
- Paprikapulver, Chiliflocken, Knoblauchpulver, Zwiebelpulver und Chilipulver
- Salz und Pfeffer, Letzterer am besten frisch gemahlen

Für die Fakeaway-Rezepte

- Sojasauce, Hoisin-Sauce, Honig, Reisessig, Kokosmilch aus der Dose, Sriracha-Sauce, Erdnussbutter
- Knoblauch und Ingwer, frisch, getrocknet oder tiefgefroren

Saucenbasics

- Brühwürfel (Gemüsebrühe, Hühnerbrühe, Rinderbrühe)
- Maismehl zum Andicken der Sauce und zum Panieren von Fleisch
- Gehackte oder passierte Tomaten aus der Dose
- Tomatenmark
- Worcestershiresauce

Beilagen zum Frittierten

- Reis
- Couscous
- Nudeln
- Kartoffeln in jeglicher Form; auch die kann man in der Heißluftfritteuse zubereiten
- Ölspray zum sparsamen Dosieren

Frische Zutaten für noch mehr Geschmack

- Korianderblätter
- Basilikumblätter
- Rosmarin
- Zitronen und Limetten
- Gemüsezwiebeln

Vorspeisen und Snacks

PRO STÜCK 45 KCAL

Die in den USA auch als Crab Rangoons bekannten, mit Krabbenfleisch gefüllten Teigtaschen sind eine Erfindung der amerikanisch-chinesischen Küche. Ich lernte sie auf der Silvesterparty eines Freundes kennen und verfiel Hals über Kopf den köstlichen Wantans. Ich wusste sofort, dass ich sie in einer Version für meine Heißluftfritteuse selbst ausprobieren musste – und hier ist das Ergebnis.

Krabben im Teigmantel

FÜR 20–25 STÜCK

150 g frisches weißes Krabbenfleisch
175 g fettarmer Frischkäse
1 TL schwarzer Pfeffer
1 Prise gehackter Dill
1 EL Sojasauce
20–25 Wantan-Teigblätter (je nach Menge der Füllung)
etwas Wasser oder 1 Ei, verquirlt, zum Verschließen und Bestreichen der Taschen
helle Sesamsamen zum Bestreuen
Sojasauce und süße Chilisauce zum Dippen

1 Krabbenfleisch, Frischkäse, Pfeffer, Dill und Sojasauce in eine Schüssel geben und verrühren.

2 Die Teigblätter nebeneinander auf die Arbeitsfläche legen und jeweils etwa ½ Esslöffel der Füllung mittig daraufgeben. Mit dem Finger die Teigränder befeuchten und die Blätter jeweils zu einem kleinen Päckchen formen. Die Ränder gut andrücken, um die Päckchen fest zu verschließen.

3 Die Päckchen mit Wasser oder dem restlichen verquirlten Ei bestreichen und mit Sesamsamen bestreuen.

4 7 Minuten bei 170 °C in der Heißluftfritteuse frittieren.

5 Etwas Sojasauce sowie süße Chilisauce zum Dippen dazu servieren.

PRO STÜCK
140
KCAL

Wenn ich Arancini, gefüllte und frittierte Reisbällchen, auf der Speisekarte sehe, kann ich nie widerstehen. Am besten schmecken sie mit einer 'Nduja- oder Chorizofüllung. Sie können übrig gebliebenen oder eigens dafür gegarten Reis verwenden; Letzteren sollten Sie am Vortag zubereiten, da er dann besser klebt – dazu lassen Sie den Reis in Hühnerbrühe simmern und dann vollständig abkühlen, bevor Sie ihn über Nacht in den Kühlschrank stellen.

Arancini mit 'Nduja-Füllung

FÜR CA. 16 BÄLLCHEN

- 400 g gegarter Risottoreis, z. B. Arborio
- 3 Eier
- 3 EL leichte Butter, zerlassen
- 2 EL geriebener Parmesan
- 100 g geriebener Mozzarella
- Salz und Pfeffer
- 135 g Panko-Paniermehl
- 1 EL italienische Gewürzmischung
- 200 g 'Nduja oder gegarte Chorizo
- kalorienarmes Ölspray

1 Den gegarten Reis zimmerwarm werden lassen.

2 2 Eier in einer großen Schüssel verquirlen. Zerlassene Butter, Parmesan und Mozzarella unterrühren sowie mit Salz und Pfeffer würzen.

3 In einer zweiten Schüssel Panko und Gewürzmischung verrühren.

4 1 Esslöffel Reis zu einem Bällchen formen, das Bällchen flach drücken und etwas 'Nduja sowie Eier-Käse-Mischung hineingeben. Die Füllung mit Reis ummanteln und das Ganze erneut mit angefeuchteten Händen zu einem Bällchen formen.

5 Das restliche Ei verquirlen und das Reisbällchen zuerst darin, dann in der Panko-Mischung wenden. Mit dem restlichen Reis und der restlichen Füllung ebenso verfahren.

6 Die Bällchen mit Öl einsprühen und in der vorgeheizten Heißluftfritteuse 8 Minuten bei 190 °C frittieren.

Ich verwende leichten bzw. fettreduzierten Mozzarella, Sie können aber auch anderen nehmen.

PRO STÜCK **92** KCAL

Bei Frühlingsrollen denkt man meist auch an eine Gemüse- oder Entenfleischfüllung, doch diese Frühlingsrollen sind etwas anders. Honig, Chili und Knoblauch sind immer eine sensationelle Kombi, hier aber laufen die drei Zutaten zur Höchstform auf. Ich serviere die Frühlingsrollen mit Honig und scharfem Hähnchen gern mit einem süßen Chilidip.

Frühlingsrollen mit Honig und scharfem Hähnchen

FÜR 12 STÜCK

- 400 g gegartes Hähnchenfleisch, in dünne Streifen geschnitten
- 4 Knoblauchzehen, abgezogen und gehackt
- ½ TL Chiliflocken
- 6 EL Honig
- 1 EL Sriracha-Sauce
- 1 Packung Filoteigblätter (oder weniger, je nach gewünschter Größe der Frühlingsrollen)
- kalorienarmes Ölspray
- Frühlingszwiebelringe zum Garnieren

1 Hähnchenfleisch, Knoblauch, Chiliflocken, Honig und Sriracha-Sauce in eine Schüssel geben und vermengen. Die Filoteigblätter jeweils in 4 Quadrate schneiden und diese auf der Arbeitsfläche ausbreiten. Jeweils 1 Esslöffel der Fleischmischung mittig auf den Teig geben, jeweils zwei Ecken der Quadrate über die Füllung schlagen und die Teigblätter aufrollen. Dabei die Teigquadrate, die gerade nicht gefüllt werden, mit einem sauberen, feuchten Geschirrtuch bedecken, damit sie nicht austrocknen.

2 Die fertigen Rollen mit Öl besprühen und bei 190 °C 8 Minuten in der Heißluftfritteuse frittieren. Nach der Hälfte der Frittierzeit wenden und bei Bedarf mit mehr Öl besprühen.

3 Die Frühlingsrollen einige Minuten abkühlen lassen – Achtung, die Füllung ist sehr heiß – und mit Frühlingszwiebelringen garniert servieren.

PRO PORTION **373** KCAL

Dieses einfache Rezept eignet sich hervorragend, um Gäste zu bewirten – oder auch, um sich selbst zu Hause mit einem Snack zu verwöhnen. Ich bin derart besessen von Halloumi, dass es mir selbst schon langsam unheimlich wird: Ich kaufe jede Woche eine große Packung davon und habe dann wirklich Mühe, dass sie sich mehr als einen Tag im Kühlschrank hält.

Halloumi-Sticks mit süßscharfer Mayo

FÜR 3 PORTIONEN

250 g Halloumi
1 Ei
40 g Cornflakes, zerbröselt
1 EL Paprikapulver
kalorienarmes Ölspray
frischer Koriander

Für die süßscharfe Mayo
3 EL leichte Mayonnaise
3 EL Sriracha-Sauce
1 EL süße Chilisauce
½ TL Paprikapulver

1 Den Halloumi in Sticks schneiden. Das Ei in einer Schüssel verquirlen, die zerbröselten Cornflakes in eine zweite Schüssel geben und mit dem Paprikapulver verrühren.

2 Die Halloumi-Sticks mit Öl besprühen und in dem verquirlten Ei wenden. Überschüssiges Ei abtropfen lassen, dann die Sticks in der Cornflakesmischung wenden.

3 Die Halloumi-Sticks 10 Minuten bei 180 °C in der Heißluftfritteuse frittieren.

4 In der Zwischenzeit für die süßscharfe Mayo Mayonnaise, Sriracha-Sauce, süße Chilisauce und Paprikapulver in einer Schale verrühren.

5 Die frittierten Halloumi-Sticks mit frischem Koriander garniert servieren. Die süßscharfe Mayo dazu servieren.

PRO PORTION 337 KCAL

Ich liebe Crumpets, die Hefebrötchen zum Aufbacken im Toaster (man kann sie im Internet kaufen), und dieses Gericht stellt *die* Alternative dar, wenn Sie an einem Dienstagabend wieder einmal kurz davor sind, sich eine Pizza zu bestellen. Knoblauch und Käse stillen garantiert jeden Pizzahunger und sparen Ihnen auch noch Geld. Das Rezept reicht für drei bis vier normal hungrige oder zwei sehr hungrige Genießer.

Crumpet-Auflauf mit Käse und Knoblauch

FÜR 3–4 PORTIONEN

6 Knoblauchzehen, abgezogen und gehackt
100 g leichte Butter
1 Prise Meersalz
1 Handvoll frische Petersilie, gehackt
8 Crumpets
100 g geriebener Mozzarella, vorzugsweise fettreduziert

1 Knoblauch, Butter, Meersalz und Petersilie in eine Schüssel geben und verrühren.

2 Die Crumpets mit der Knoblauchbutter bestreichen. Die Hälfte der Crumpets mit etwas geriebenem Mozzarella bestreuen und mit den restlichen Crumpets belegen. Die »Sandwiches« halbieren und beliebig in einer ofenfesten Auflaufform verteilen.

3 Den Auflauf mit dem restlichen Mozzarella bestreuen.

4 Den Crumpet-Auflauf 8 bis 9 Minuten bei 180 °C in der Heißluftfritteuse überbacken und anschließend servieren.

PRO STÜCK **122** KCAL

Ich weiß nicht genau, wie man es in Italien aufnehmen wird, wenn ich eines der italienischen Nationalgerichte nehme und es mit Chicken Wings kombiniere, aber immerhin: Diese Chicken Wings aglio e olio schmecken fantastisch. Die Knoblauch-Olivenöl-Pastasauce ist ohnehin eine meiner Lieblings-Nudelsaucen ever, und sie ergibt mit den knusprigen Hähnchenflügeln ein erstklassiges Zusammenspiel.

Chicken Wings aglio e olio

FÜR 4 PORTIONEN

- 15–20 Hähnchenflügel mit Haut
- 4 EL Olivenöl
- 1 TL Knoblauchpulver
- 1 rote Chilischote, gehackt
- 2 Knoblauchzehen, abgezogen und gehackt
- Salz und Pfeffer
- 1 große Handvoll frische Basilikumblätter
- 2 EL geriebener Parmesan

1 Die Hähnchenflügel waschen und mit Küchenpapier trocken tupfen. In eine Schüssel geben, in 1 Esslöffel Olivenöl wenden und mit Knoblauchpulver bestreuen. Anschließend 17 Minuten bei 200 °C in der Heißluftfritteuse frittieren, dabei nach der Hälfte der Frittierzeit wenden.

2 Kurz vor Ende der Frittierzeit das restliche Öl in einer Pfanne erhitzen. Chili sowie frischen Knoblauch hineingeben, mit Salz und Pfeffer würzen und 1 bis 2 Minuten in dem Öl braten. Die Chicken Wings in eine Schale füllen, Chili-Knoblauch-Mischung, Basilikum und Parmesan dazugeben, alles gründlich vermengen und servieren.

PRO PORTION **390** KCAL

Zwar ist dieses Rezept auf drei Portionen angelegt, doch muss ich ehrlicherweise anmerken, dass ich es ziemlich schwierig finde, die leckeren Ravioli-Happen mit jemandem zu teilen. Sie müssen also kein schlechtes Gewissen haben, wenn Sie sie für sich allein zubereiten. Da ich hier gekaufte Ravioli verwende, könnte die Zubereitung einfacher nicht sein.

Ravioli zum Dippen

FÜR 3 PORTIONEN

120 g Semmelbrösel
50 g geriebener Parmesan + etwas mehr zum Bestreuen
1 Prise Salz
250 g Ravioli
1 Ei, verquirlt
1 Handvoll Basilikumblätter
Tomatensauce zum Dippen

1 Semmelbrösel, Parmesan und Salz in eine Schüssel geben und verrühren.

2 Die Ravioli in dem verquirlten Ei wenden. Überschüssiges Ei abtropfen lassen, dann die Ravioli in der Semmelbröselmischung wenden.

3 Die panierten Ravioli 10 Minuten bei 190 °C in der Heißluftfritteuse frittieren.

4 Die Ravioli auf eine Platte geben und mit etwas Parmesan bestreut sowie mit Basilikumblättern garniert servieren. Die Tomatensauce zum Dippen dazu servieren.

PRO STÜCK **83** KCAL

Mit Weizentortillas lassen sich wunderbar Zutaten ersetzen, die einem einen Strich durch die Kalorienrechnung machen würden – hier ersetzen sie fettreichen Blätterteig. Die Würstchen sind zwar ebenfalls fettarm, doch verspreche ich Ihnen, dass Sie mit den richtigen Gewürzen in puncto Geschmack keine Kompromisse machen müssen. Servieren Sie einen Dip Ihrer Wahl dazu und genießen Sie nach Herzenslust!

Tortilla-Wrap-Happen

FÜR 10 HAPPEN

6 fettarme Würstchen
1 TL getrockneter Salbei
1 TL getrockneter Thymian
2 Zweige Rosmarin, gehackt
Salz
1 große Weizentortilla
1 Ei, verquirlt
Sesamsamen zum Bestreuen

1 Das Brät aus den Würstchen drücken. Alternativ die Würstchen in eine Schüssel geben und mit einer Gabel zerdrücken. Mit Salbei, Thymian sowie Rosmarin verrühren und mit Salz würzen.

2 Die Mischung auf der Weizentortilla verteilen, dabei jedoch auf einer Seite etwas Platz für das verquirlte Ei lassen. Die Tortilla aufrollen, mit dem verquirlten Ei »versiegeln« und in 10 Happen schneiden.

3 Die Happen mit dem restlichen verquirlten Ei bestreichen und mit Sesamsamen bestreuen.

4 Die Tortilla-Wrap-Happen 11 Minuten bei 200 °C in der Heißluftfritteuse frittieren und anschließend servieren.

PRO PORTION
233
KCAL

Aus Zucchini lassen sich wirklich tolle köstliche und obendrein noch kalorienarme Gerichte zaubern! Die knusprigen Gemüse-Pommes mit ihrem Hauch von Parmesan können als Snack verzehrt oder als Beilage gereicht werden – eine gute Nachricht für all diejenigen, die beschlossen haben, mehr Gemüse auf ihren Teller zu bringen. Als Dip eignet sich Tsatsiki oder auch Ihre Lieblingssauce aus dem Vorratsschrank.

Zucchini-Pommes

FÜR 3 PORTIONEN

3 Zucchini
60 g Panko-Paniermehl
80 g geriebener Parmesan
1 TL Paprikapulver
1 TL Knoblauchpulver
Salz
1 Ei, verquirlt

1 Die Zucchini mit Schale in pommesähnliche Stifte schneiden.

2 Panko, Parmesan, Paprikapulver, Knoblauchpulver sowie etwas Salz in eine Schüssel geben und verrühren. Das verquirlte Ei in eine zweite Schüssel geben.

3 Die Zucchinistifte zunächst in dem Ei wenden. Überschüssiges Ei abtropfen lassen und die Stifte anschließend in der Panko-Mischung wenden, bis sie gleichmäßig mit dem Paniermehl bedeckt sind.

4 Die Zucchini-Pommes 9 Minuten bei 200 °C in der Heißluftfritteuse frittieren. Die Pommes dabei im Auge behalten, damit sie nicht zu dunkel werden.

PRO PORTION **411** KCAL

Ich liebe Popcorn Chicken seit Langem. Vor Kurzem aber habe ich auf Sardinien eine Version davon mit einem Honig-Limetten-Dressing probiert. Und was soll ich sagen – es war umwerfend! Die Süße und die Säure des Dips heben die Aromen des frittierten Hähnchens noch mehr hervor. Für eine größere Anzahl von Gästen lassen sich die Mengenangaben im Rezept übrigens problemlos vervielfachen.

Popcorn Chicken mit Honig-Limetten-Dressing

FÜR 4 PORTIONEN

½ TL Paprikapulver
200 g Reisflocken, z. B. Rice Krispies, oder Cornflakes, in der Küchenmaschine oder von Hand zu feinen Bröseln gemahlen; alternativ können Semmelbrösel verwendet werden
Salz und Pfeffer
2 Eier, verquirlt
4 Hähnchenbrustfilets, in mundgerechte Stücke geschnitten
kalorienarmes Ölspray

Für das Dressing

Saft von 3 Limetten
5 EL Honig

1 Paprikapulver sowie zu Bröseln gemahlene Reisflocken in eine Schüssel geben und verrühren. Mit Salz und Pfeffer würzen. Die verquirlten Eier in eine zweite Schüssel geben.

2 Die Hähnchenstücke zuerst in den verquirlten Eiern wenden. Überschüssiges Ei abtropfen lassen und das Fleisch anschließend in der Bröselmischung wenden. Dabei sicherstellen, dass alle Stücke gut mit Panade bedeckt sind.

3 Die panierten Hähnchenstücke mit Öl besprühen und 9 Minuten bei 200 °C in der Heißluftfritteuse frittieren.

4 In der Zwischenzeit für das Dressing Limettensaft und Honig gründlich verrühren.

5 Das Popcorn Chicken in eine Schale füllen und mit dem Honig-Limetten-Dressing beträufelt servieren.

PRO PORTION
495
KCAL

Die frittierten Fetawürfel mit Honig schmecken wirklich unglaublich und sind meine Version eines Gerichts, das ich immer in einem Restaurant bei mir um die Ecke bestelle. Glauben Sie mir: Wenn Sie die für Gäste zubereiten, werden sie als Erstes von den Tellern verschwunden sein (die Würfel, nicht die Gäste). Salziger Feta und süßer Honig – der Stoff aus dem die Träume sind!

Honig-Fetawürfel mit Rosmarin

FÜR 4 PORTIONEN

- 2 Eier, verquirlt
- 150 g Mehl
- 200 g Panko-Paniermehl oder Semmelbrösel, in der Küchenmaschine sehr fein gemahlen
- 200 g fettreduzierter Feta, in Würfel geschnitten
- 6 EL Honig
- frischer Rosmarin, gehackt, zum Bestreuen
- Sesamsamen zum Bestreuen

1 Verquirlte Eier, Mehl und Panko getrennt in drei Schüsseln geben. Die Fetawürfel zunächst in dem Mehl, dann in den verquirlten Eiern wenden. Überschüssiges Ei abtropfen lassen. Zum Schluss die Würfel in Panko wenden und dabei sicherstellen, dass alle gut mit dem Paniermehl bedeckt sind.

2 Die panierten Fetawürfel 9 Minuten bei 190 °C in der Heißluftfritteuse frittieren.

3 Die frittierten Fetawürfel in Honig wenden. Wer mag, kann den Honig vorher erwärmen.

4 Die Honig-Fetawürfel mit gehacktem Rosmarin sowie Sesamsamen bestreuen. Cocktailspießchen in die Würfel stecken und servieren.

PRO STÜCK **63** KCAL

Ich war mir nicht sicher, ob ich dieses Rezept ins Buch aufnehmen sollte, weil es so einfach ist. Allerdings bitten mich Freunde und Familienmitglieder immer wieder darum, die Würstchen für Partys zuzubereiten. Sie in der Heißluftfritteuse zu frittieren ist ungeheuer effektiv: So sind sie rundum gebräunt und lecker. Für eine noch schlankere Version können Puten- oder Hähnchenwürstchen verwendet werden.

Honig-Senf-Cocktailwürstchen

FÜR 40 WÜRSTCHEN

40 Cocktailwürstchen
kalorienarmes Ölspray
4 EL Honig
2 EL körniger Senf

1 Die Cocktailwürstchen rundum mit Öl einsprühen. Die Heißluftfritteuse auf 200 °C vorheizen. Die Würstchen nebeneinander 12 bis 14 Minuten in der Heißluftfritteuse frittieren. Bei größeren Mengen sollten die Würstchen etwas länger frittiert werden.

2 Honig und Senf verrühren. Die Mischung etwa 2 Minuten vor Ende der Frittierzeit über die Würstchen geben. (Danach muss der Korb der Heißluftfritteuse gründlich gereinigt werden, aber das ist es wert!)

PRO PORTION
380
KCAL

Ich habe dieses Gericht auch schon als Hähnchenburger aus flach geklopfter Hähnchenbrust zubereitet, doch manchmal ist mir nicht nach Burger, und ich brauche etwas zum Dippen. Das Rezept ist dasselbe, allerdings werden die Hähnchenstreifen nur 12 Minuten und die Burger 17 Minuten frittiert. Und natürlich wird die Hähnchenbrust hier nicht flach geklopft, sondern in Streifen geschnitten.

Panierte Hähnchenstreifen mit Parmesan

FÜR 4 PORTIONEN

3 Hähnchenbrüste
150 g Panko-Paniermehl
60 g geriebener Parmesan
1 TL Paprikapulver
1 TL getrockneter Oregano
Salz und Pfeffer
75 g Maismehl
1 Ei (Größe L), verquirlt
kalorienarmes Ölspray

1 Die Hähnchenbrüste in Streifen schneiden.

2 Panko, Parmesan, Paprikapulver und Oregano in eine Schüssel geben und verrühren. Mit Salz und Pfeffer würzen. Das Maismehl in eine zweite, das verquirlte Ei in eine dritte Schüssel geben.

3 Die Hähnchenbruststreifen zunächst in dem Maismehl, dann in dem verquirlten Ei wenden. Überschüssiges Ei abtropfen lassen. Zum Schluss das Fleisch in der Panko-Mischung wenden und dabei sicherstellen, dass alle Hähnchenstreifen gut mit Panade bedeckt sind.

4 Die panierten Hähnchenbruststreifen mit Öl besprühen und 12 Minuten bei 200 °C in der Heißluftfritteuse frittieren.

PRO PORTION **99** KCAL

Ich muss gestehen, dass ich ein Snacker bin. Während ich den einen Snack verzehre, denke ich schon darüber nach, was der nächste sein könnte. Mit diesem Rezept kann eine Schale gewöhnlicher gerösteter Erdnüsse durch herrlich knusprige und supergesunde Kichererbsen ersetzt werden. Und um diesen noch einen leichten Schärfekick zu verleihen, eignet sich Wasabipulver ganz ausgezeichnet.

Knusprig-scharfe Kichererbsen

FÜR 4 PORTIONEN

400 g Kichererbsen aus der Dose, abgegossen und abgespült
1 TL Paprikapulver
1 Prise Salz
1 TL kalorienarmes Öl
Saft von ½ Zitrone
Saft von ½ Limette
1–2 TL Wasabi- oder Chilipulver

1 Die Kichererbsen mit Küchenpapier trocken tupfen und in eine Schüssel geben. Paprikapulver, Salz, Öl, Zitronensaft, Limettensaft und Wasabipulver dazugeben und alles gründlich vermengen.

2 Die gewürzten Kichererbsen 13 bis 14 Minuten bei 200 °C in der Heißluftfritteuse frittieren. Auf ihre Knusprigkeit prüfen – je nach Vorliebe müssen die Kichererbsen etwas länger frittiert werden, bis sie den gewünschten Knusprigkeitsgrad erreicht haben.

PRO PORTION 225 KCAL

Diese Teigtaschen sind wie kleine Aromabomben. Sie geben an einem Fakeaway-Abend (siehe S. 120–149) eine prima Vorspeise ab, schmecken aber auch zum Mittag- oder Abendessen fantastisch. Dieses Rezept ergibt genug Teigtaschen für eine kleine Party – oder Sie frieren sie ein und heben sie sich für einen Regentag auf. Sie passen gut zu Reis und Gemüse, das Chiliöl verleiht ihnen den letzten, scharfen Schliff.

Knusprige Teigtaschen mit Schweinefleisch

FÜR 6 PORTIONEN

400 g Schweinehackfleisch
60 g Panko-Paniermehl
4 Frühlingszwiebeln, in Ringe geschnitten
3 EL Sojasauce
1 TL Sesamöl
3 Knoblauchzehen, abgezogen und gehackt
1 TL Chiliflocken
½ TL Fünf-Gewürze-Pulver
25–30 Wantan-Teigblätter
1 Ei, verquirlt
kalorienarmes Ölspray
Chiliöl zum Servieren

1 Hackfleisch, Panko, Frühlingszwiebeln, Sojasauce, Sesamöl, Knoblauch, Chiliflocken und Fünf-Gewürze-Pulver in eine Schüssel geben und vermengen. (Für noch mehr Geschmack die Mischung einige Stunden oder über Nacht im Kühlschrank ziehen lassen.)

2 Die Teigblätter auf der Arbeitsfläche ausbreiten und mittig jeweils etwas Hackfleischmischung daraufgeben. Die Teigränder mit etwas Wasser befeuchten und die Blätter zu Taschen formen. Die Teigtaschen mit dem verquirlten Ei bestreichen.

3 Die Teigtaschen anschließend rundum mit Öl besprühen.

4 Die Teigtaschen 10 bis 12 Minuten bei 200 °C in der Heißluftfritteuse frittieren (eher 12 Minuten – dabei aber darauf achten, dass sie nicht zu dunkel werden). Nach der Hälfte der Frittierzeit wenden und erneut mit Öl besprühen. Mit Chiliöl servieren.

PRO PORTION **391** KCAL

Diese köstlichen Chips stellen die perfekte Alternative zu Nachos aus dem Supermarkt dar – egal, ob Sie sie zu einem Film allein oder bei einem Treffen mit Freunden genießen. Sie schmecken nicht nur großartig, sondern haben auch noch sehr viel weniger Kalorien als etwa Chips aus der Tüte. Manchmal ersetze ich das Öl noch durch kalorienarmes Ölspray, was weitere 60 Kilokalorien pro Portion einspart.

Pita-Chips mit Guacamole

FÜR 4 PORTIONEN

6 Pita-Brote
2 EL Öl
1 TL Paprikapulver
Salz und Pfeffer
geriebener Mozzarella zum Bestreuen (optional)

Für die Guacamole

1 Zwiebel, abgezogen und fein gehackt
1 rote Chilischote, gehackt
2 Avocados, geschält und zerdrückt
1 Handvoll frischer Koriander, gehackt
5 Knoblauchzehen, abgezogen und gehackt
2 Handvoll Kirschtomaten, fein gehackt
Saft von 1 Limette
Saft von 1 Zitrone
1 EL Öl
Salz und Pfeffer

1 Die Pita-Brote in kleine Dreiecke schneiden. In einer Schüssel die Dreiecke von Hand gründlich mit Öl und Paprikapulver sowie etwas Salz und Pfeffer vermengen.

2 Die Pita-Dreiecke 12 bis 14 Minuten bei 170 °C in der Heißluftfritteuse frittieren. Nach der Hälfte der Frittierzeit durchschütteln oder wenden, damit sie gleichmäßig frittiert werden.

3 Inzwischen für die Guacamole alle Zutaten verrühren.

4 Die Pita-Chips 2 Minuten vor Ende der Frittierzeit mit geriebenem Mozzarella bestreuen. Mit etwas mehr Salz würzen und mit der Guacamole servieren.

Schnelles Mittagessen

PRO PORTION
324
KCAL

Freuen Sie sich auf ein wahres Luxus-Homeoffice-Mittagessen! Die Garnelen schmecken toll mit einem Salat oder als Wrap-Füllung. Kokos-Garnelen und Erdnusssauce bilden eine geradezu himmlische Kombi – wer kein Erdnussfan ist, mixt sich ein schnelles Honig-Chili-Dressing aus süßer Chilisauce, Honig, Knoblauch und Sojasauce.

Kokos-Panko-Garnelen mit Erdnusssauce

FÜR 4 PORTIONEN

120 g Panko-Paniermehl
2 EL Kokosraspel
Salz und Pfeffer
50 g Mehl
2 Eier, verquirlt
400 g Garnelen ohne Schale
kalorienarmes Ölspray

Für die Erdnusssauce

3 EL cremige Erdnussbutter
Saft von 1 Limette
1 EL Sojasauce
1 TL Knoblauchpulver
1 TL gemahlener Ingwer

1 Panko und Kokosraspel in eine Schüssel geben und verrühren. Mit Salz und Pfeffer würzen.

2 Das Mehl in eine weitere Schüssel geben, die Eier in einer dritten Schüssel verquirlen. Die Garnelen zuerst in dem Mehl und dann in den verquirlten Eiern wenden. Überschüssiges Ei abtropfen lassen. Zum Schluss die Garnelen in der Panko-Kokos-Mischung wenden und sicherstellen, dass alle gut mit Panade bedeckt sind.

3 Die Garnelen rundum mit Öl einsprühen und 10 Minuten bei 200 °C in der Heißluftfritteuse frittieren.

4 In der Zwischenzeit für die Erdnusssauce Erdnussbutter, Limettensaft, Sojasauce, Knoblauchpulver und gemahlenen Ingwer in eine Schüssel geben und mit 150 Milliliter Wasser verrühren. Bei Bedarf mehr Wasser unterrühren.

5 Die Kokos-Panko-Garnelen mit der Erdnusssauce servieren.

PRO PORTION 502 KCAL

Dieses Gericht gehört zwar in die Kategorie »Schnelles Mittagessen«, es eignet sich aber auch exzellent als Frühstück oder zum Brunch. Es ist ausgesprochen vielseitig und kann beispielsweise noch durch ein oder zwei pochierte Eier sowie eine Scheibe geröstetes Sauerteigbrot ergänzt werden.

Süsskartoffel-Chorizo-Mix

FÜR 3 PORTIONEN

600 g Süßkartoffeln, geschält und in Würfel geschnitten
1 EL Öl oder kalorienarmes Ölspray
1 EL Paprikapulver
150 g Chorizo, in Scheiben geschnitten
1 EL leichte oder Halbfettbutter
½ TL Chiliflocken
1 Knoblauchzehe, abgezogen und gerieben
4 EL griechischer Joghurt
Salz und Pfeffer
frischer Dill zum Bestreuen

1 Süßkartoffelwürfel, Öl und Paprikapulver in eine Schüssel geben und vermengen.

2 Die Süßkartoffelmischung 14 bis 15 Minuten bei 190 °C in der Heißluftfritteuse frittieren. In den letzten 2 bis 3 Minuten die Chorizoscheiben dazugeben.

3 In der Zwischenzeit Butter, Chiliflocken sowie Knoblauch in eine mikrowellengeeignete Schüssel geben und 1 Minute in der Mikrowelle erhitzen, bis die Butter geschmolzen ist. Alternativ in einem Topf auf dem Herd schmelzen.

4 Den Joghurt mit Salz und Pfeffer würzen.

5 Den gewürzten Joghurt über den Süßkartoffel-Chorizo-Mix geben und diesen mit der zerlassenen Knoblauch-Chili-Butter beträufelt sowie etwas frischem Dill bestreut servieren.

PRO PORTION
331
KCAL

Dieses Gyros macht aus jeder Mittagspause etwas ganz Besonderes. Es ist von einer Version inspiriert, die ich auf einem Streetfood-Festival probiert habe, und so schnell zubereitet, dass es sich nach einem langen Arbeitstag gut als Abendessen eignet, auch wenn noch Freunde vorbeikommen. Das Harissa-Hähnchen-Gyros sieht so professionell aus, dass die Gäste glauben werden, Sie hätten stundenlang in der Küche gestanden – obwohl es gerade mal 15 bis 20 Minuten waren.

Harissa-Hähnchen-Gyros

FÜR 3 PORTIONEN

2 EL Harissa
Saft von 1 Zitrone
1 TL Paprikapulver
1 TL Cajun-Gewürzmischung
1 TL gemahlener Kreuzkümmel
Salz und Pfeffer
500 g Hähnchenschenkel ohne Knochen und ohne Haut
3 Pita-Brote
1 Handvoll Rucola
3 EL Granatapfelkerne
1 kleine Handvoll eingelegte rote Zwiebeln aus dem Glas

Für die Sauce

5 gehäufte EL griechischer Joghurt
Saft von 1 Zitrone
2 Knoblauchzehen, abgezogen und gehackt

1 Harissa, Zitronensaft, Paprikapulver, Cajun-Gewürzmischung und Kreuzkümmel sowie Salz und Pfeffer in einer Schüssel verrühren. Die Hähnchenschenkel mit der Mischung einreiben und die Heißluftfritteuse 2 bis 3 Minuten vorheizen (so wird das Fleisch knuspriger). Die Hähnchenschenkel 12 Minuten bei 200 °C in der Heißluftfritteuse frittieren.

2 In der Zwischenzeit für die Sauce Joghurt, Zitronensaft und Knoblauch verrühren.

3 Die Pita-Brote erwärmen und zu Taschen aufschneiden. Die Hähnchenschenkel in Streifen schneiden und mit etwas Rucola in die Taschen geben. Mit Sauce beträufeln und mit Granatapfelkernen sowie roten Zwiebeln garniert servieren.

PRO PORTION 442 KCAL

Ich liebe Caesar Salad! Wenn man ihn in einem Restaurant bestellt, kann er jedoch ziemlich kalorienreich und teuer sein. Deshalb habe ich diese weniger kostspielige und deutlich kalorienärmere Version für zu Hause entwickelt. Wer es noch schlanker mag, lässt Parmesan und Bacon weg und genießt den Salat nur mit Hähnchen. Er steht aber auch mit Käse und Bacon in 15 Minuten auf dem Tisch.

Caesar Salad mit Hähnchen und Croûtons

FÜR 2 PORTIONEN

2 Hähnchenbrustfilets
kalorienarmes Ölspray
1 TL getrockneter Oregano
1 TL getrockneter Salbei
Salz und Pfeffer
2 Scheiben Bacon, in Streifen geschnitten
3 Romanasalatherzen
1 Salatgurke, in feine Scheiben geschnitten
20 g Parmesanspäne

Für die Croûtons

2 Scheiben Brot, gewürfelt
½ TL getrockneter Oregano
½ TL Paprikapulver

Für das Dressing

4 EL fettarme Mayonnaise
3 EL griechischer Joghurt
Saft von 1 Zitrone
1 TL getrockneter Oregano
1 EL Dijonsenf

1 Das Fleisch zwischen zwei Lagen Klarsichtfolie mit einem Nudelholz flach rollen. Mit Öl besprühen sowie mit Oregano, Salbei, Salz und Pfeffer würzen. 14 Minuten bei 200 °C in der Heißluftfritteuse frittieren.

2 In der Zwischenzeit für die Croûtons die Brotwürfel in Oregano und Paprikapulver wenden. In den letzten 8 Minuten Frittierzeit die Baconstreifen, 2 Minuten später die Croûtons zum Fleisch geben.

3 Für das Dressing alle Zutaten mit 2 Esslöffel Wasser verrühren.

4 Den Salat in Blätter trennen, das Fleisch in Streifen schneiden. Mit Gurke und Bacon auf Tellern anrichten, Parmesan sowie Croûtons darübergeben und mit Dressing beträufelt servieren.

PRO PORTION 211 KCAL

Die Heißluftfritteuse wird in diesem Rezept lediglich für das Brot verwendet, das aber schmeckt danach so gut, dass Sie es unbedingt ausprobieren müssen. Außerdem geht es ungeheuer schnell: Einfach etwas Brot mit Öl in die Heißluftfritteuse werfen, und fertig! Wirklich simpel – und doch eines der leckersten Homeoffice-Mittagessen, die ich kenne.

Bruschetta

FÜR 4 BRUSCHETTE

- 4 Scheiben Brot nach Wahl, z. B. einfaches Ciabatta oder Olivenciabatta
- 2–3 EL Olivenöl
- 2 großzügige Handvoll Kirschtomaten, gehackt
- 2 EL Aceto balsamico
- 1 Handvoll frische Basilikumblätter
- 2 EL geriebener Parmesan + etwas mehr zum Bestreuen
- 2 Knoblauchzehen, abgezogen; 1 gehackt, 1 halbiert
- Salz und Pfeffer

1 Das Brot mit Öl beträufeln und das Öl anschließend von Hand in das Brot reiben. 6 Minuten bei 190 °C in der Heißluftfritteuse frittieren.

2 In der Zwischenzeit Tomaten, Essig, Basilikum, Parmesan und gehackten Knoblauch in eine Schüssel geben und vermengen. Mit Salz und Pfeffer würzen.

3 Das frittierte Brot auf beiden Seiten mit den Knoblauchhälften einreiben und mit der Tomatenmischung belegen.

4 Mit Parmesan bestreuen und servieren.

PRO PORTION
555
KCAL

Das ist sicherlich nicht das kalorienärmste Rezept in diesem Buch, aber schließlich geht es hier ja auch um Ausgewogenheit. Es ist wichtig, hin und wieder auch einmal etwas über die Stränge zu schlagen, sonst meldet sich irgendwann der Heißhunger. Außerdem ist dies eines meiner Lieblingssandwiches; ich dünste die Zwiebeln vorher an, doch wer sie sehr knusprig mag, lässt diesen Schritt einfach weg.

Schinken-Käse-Sandwich mit Röstzwiebeln

FÜR 2 SANDWICHES

1 TL Öl
1 EL leichte Butter + etwas mehr zum Bestreichen
1 große Gemüsezwiebel oder 2 kleine bis mittelgroße Zwiebeln, abgezogen und in Scheiben geschnitten
einige frische Thymianblättchen
1 TL Worcestershiresauce
Salz und Pfeffer
4 Scheiben Brot nach Wahl, z. B. Sauerteigbrot
2 Scheiben fettreduzierter Cheddar
4 Scheiben Gruyère; geriebener Gruyère geht auch
4 dünne Scheiben gekochter Schinken
1 Handvoll geriebener, fettreduzierter Mozzarella

1 Öl und Butter in einer Pfanne erhitzen und die Zwiebelscheiben mit Thymian sowie Worcestershiresauce darin weich dünsten. Mit Salz und Pfeffer würzen.

2 Das Brot auf beiden Seiten mit Butter bestreichen. 2 Brotscheiben mit Cheddar, Gruyère, Schinken und Zwiebelscheiben belegen, dann jeweils 1 Brotscheibe darauflegen, fest andrücken (ich benutze dazu immer ein Schneidbrett) und mit Mozzarella bestreuen.

3 Die beiden Schinken-Käse-Sandwiches 7 Minuten bei 190 °C in der Heißluftfritteuse frittieren.

PRO STÜCK **258** KCAL

Die leckeren Teigtaschen waren eines meiner Lieblingsmittagessen während des Lockdowns. Inspiriert sind sie von einem meiner spanischen Lieblingsgerichte, den Empanadas. Ich habe den Teig, den man meist dafür verwenden würde, durch Tortillas ersetzt, um Kalorien zu sparen. Bei mir ergibt das Rezept 8 Teigtaschen, je nach Menge der Füllung können aber auch mehr oder weniger dabei herauskommen.

Empanadas mit Hähnchen, Chorizo und Jalapeño

FÜR 8 TEIGTASCHEN

- 200 g gegartes Hähnchenfleisch, mit zwei Gabeln in feine Streifen gezupft
- 100 g Chorizo, in Würfel geschnitten
- 3 EL Tomatenmark
- 3 EL Sriracha-Sauce
- 1 TL Paprikapulver
- 3 Jalapeño-Chilischoten, in Ringe geschnitten
- 1 rote Paprikaschote, in feine Würfel geschnitten
- 100 g geriebener Mozzarella
- Salz und Pfeffer
- 8 Mini-Weizentortillas
- 1 Ei, verquirlt

1 Alle Zutaten bis auf die Tortillas und das Ei in einer Schüssel vermengen.

2 Die Füllung mittig auf die Tortillas geben, die Teigränder mit Ei bestreichen und die Tortillas zu Halbmonden formen.

3 Mit dem restlichen Ei bestreichen und die Ränder noch einmal fest andrücken, damit sich die Taschen nicht öffnen. 9 bis 10 Minuten bei 180 °C in der Heißluftfritteuse frittieren.

Der Mozzarella kann auch weggelassen werden, doch schmecken die Teigtaschen noch besser, wenn die Füllung durch etwas geschmolzenen Käse zusammengehalten wird.

PRO PORTION
329
KCAL

Lachs aus der Heißluftfritteuse werden Sie garantiert lieben! Er ist außen herrlich knusprig und innen wunderbar weich und saftig. Außerdem steht er mittags ruckzuck auf dem Tisch – perfekt für einen arbeitsreichen Tag! Mein Geheimtipp ist Lachs mit Orange, und ich hoffe, diese Kombination schmeckt Ihnen genauso gut wie mir.

Lachs mit Honig und Orange

FÜR 2 PORTIONEN

2 Lachsfilets
3 EL Honig
2 EL Orangensaft, frisch gepresst
1 EL Sojasauce
1 TL geriebener Knoblauch
1 Bio-Orange, in Scheiben geschnitten

1 Die Lachsfilets mit Küchenpapier trocken tupfen.

2 Honig, Orangensaft, Sojasauce und Knoblauch in einer Schüssel verrühren und über den Lachs gießen.

3 Den Lachs mit Orangenscheiben belegen und 12 Minuten bei 200 °C in der Heißluftfritteuse frittieren. Nach der Hälfte der Frittierzeit erneut mit Glasur und eigenem Saft begießen.

Wer den Lachs besonders knusprig mag, gibt noch einen zusätzlichen Teelöffel Honig auf die Orangenglasur.

PRO PORTION **391** KCAL

Dies ist eines der Rezepte, die ziemlich schnell viral gingen, als ich sie postete, doch eigentlich ist es eher ein Hack als ein Rezept. Fans der Deep Dish bzw. Chicago-style Pizza, die ihre Kalorienaufnahme im Auge behalten wollen, sollten die Pizzabagels mit Peperoni-Salami unbedingt einmal probieren.

Pizzabagels mit Peperoni-Salami

FÜR 2 STÜCK

- 2 Bagels
- 2 EL Tomatenmark
- 1 TL getrocknetes Basilikum oder getrockneter Oregano
- 20–25 g Peperoni-Salami in Scheiben
- ca. 70 g geriebener, fettreduzierter Mozzarella
- frische Basilikumblätter zum Garnieren

1 Die Bagels halbieren und die Schnittflächen mit Tomatenmark bestreichen.

2 Mit getrocknetem Basilikum, Salamischeiben und Käse belegen; den Käse zuletzt daraufgeben, da er die Salamischeiben beim Schmelzen an Ort und Stelle hält.

3 Die Pizzabagels 5 bis 6 Minuten bei 180 °C in der Heißluftfritteuse frittieren und mit frischem Basilikum garniert servieren.

Die Pizzabagels schmecken aus der Heißluftfritteuse zwar am besten, können aber auch im Ofen zubereitet werden. Dafür 15 Minuten in den 180 °C heißen Backofen geben.

PRO STÜCK
165
KCAL

Diese kleinen Köstlichkeiten stehen in kaum mehr als fünf Minuten auf dem Tisch und sind deshalb ideal für alle, die mittags nicht viel Zeit zum Kochen haben. Außerdem kann man sich beim Rollen der Wraps von den Kindern helfen lassen, sollten diese schon aus der Schule zurück sein. Mich erinnern die Wraps immer an Taquitos. Für eine vegetarische Version kann das Fleisch durch Gemüse oder Tofu ersetzt werden.

Mini-Wraps mit Hähnchen und Käse

FÜR 5 WRAPS

5 Mini-Weizentortillas
180 g gegartes Hähnchenfleisch, in feine Streifen gezupft
60 g geriebener, fettreduzierter Mozzarella
Frank's Hot Sauce oder eine andere scharfe Sauce zum Beträufeln
kalorienarmes Ölspray

1 Die Mini-Weizentortillas auf der sauberen Arbeitsfläche ausbreiten und mittig mit Hähnchenfleisch und Käse belegen. Mit der scharfen Sauce beträufeln und zu kleinen Päckchen aufrollen.

2 Die Wraps rundum mit Öl einsprühen und 5 Minuten bei 200 °C in der Heißluftfritteuse frittieren.

PRO STÜCK **379** KCAL

Ich liebe es, Ofenkartoffeln im Schongarer zuzubereiten, muss aber zugeben, dass nichts über die Heißluftfritteuse geht, wenn man die Kartoffeln außen knusprig und innen fluffig mag. Man muss die Kartoffeln vorher nicht in der Mikrowelle garen und auch die Heißluftfritteuse nicht vorheizen. Einfach rein damit, und fertig. Simpler geht's nicht.

Heißluftfrittierte Kartoffel mit Lachs und Chili

FÜR 2 PORTIONEN

2 große Kartoffeln
kalorienarmes Ölspray
Salz
1 TL Knoblauchpulver

Zum Servieren
leichte Butter
Salz und Pfeffer
200 g gegarter Lachs, in mundgerechte Stücke gezupft
2 EL süße Chilisauce

1 Die Kartoffeln mit Öl besprühen und mit etwas Salz sowie Knoblauchpulver bestreuen.

2 45 Minuten bei 200 °C in der Heißluftfritteuse frittieren, dabei nach der Hälfte der Frittierzeit wenden. Sehr große Kartoffeln brauchen ein paar Minuten länger.

3 Die Kartoffeln aufschneiden. Die Butter hineingeben, mit Salz und Pfeffer würzen, den Lachs hineingeben und mit Chilisauce beträufelt sowie nach Belieben mit Frühlingszwiebelringen garniert servieren.

PRO PORTION
444
KCAL

Von diesem Gericht bin ich geradezu besessen. Ein Freund hat die Bagels einmal für mich zum Mittagessen zubereitet und sie mit Käse und Schinken gefüllt – seitdem bekomme ich sie nicht mehr aus dem Kopf. Deshalb beschloss ich, sie mit einer neuen Füllung auszuprobieren.

Bagels mit Piri-Piri-Hähnchen und Jalapeños

FÜR 4 BAGELS

- 125 g Mehl mit Backpulver + etwas mehr für die Arbeitsfläche
- 210 g griechischer Joghurt
- 1 Ei
- 1 EL leichte Butter
- 1 EL Sesamsamen

Für die Füllung

- Cheddarscheiben (optional)
- 400 g gegartes Hähnchen, in Streifen geschnitten
- 4 Jalapeño-Chilischoten, in Ringe geschnitten
- 4 EL Piri-Piri-Sauce

1 Mehl, Joghurt und Ei in einer Schüssel verrühren. Ist der Teig zu flüssig, noch etwas Mehl zugeben.

2 Den Teig auf der bemehlten Arbeitsfläche etwa 1 Minute kneten. Dann in 4 Portionen teilen, diese zu Rollen und diese wiederum zu Bagelbrötchen formen.

3 Die Butter in etwa 1 Minute in der Mikrowelle zerlassen und die Bagels damit bestreichen. Mit Sesamsamen bestreuen.

4 Die Bagels 10 Minuten bei 190 °C in der Heißluftfritteuse frittieren. Sie sind fertig, wenn sie ihre Größe verdoppelt haben und goldbraun sind.

5 Etwas abkühlen lassen, halbieren und jeweils die untere Hälfte mit Käse, Hähnchen sowie Jalapeño-Ringen belegen. Mit Piri-Piri-Sauce beträufeln, mit den oberen Bagelhälften bedecken und servieren.

PRO PORTION 299 KCAL

Ich kenne kaum jemanden, der Frittata nicht mag. In diesem Rezept wird der zeitaufwendige Prozess – Zubereitung in der Pfanne und Fertigstellung im Ofen – durch die Heißluftfritteuse erheblich vereinfacht. Die Aromen des klassisch italienischen Caprese-Trios – Tomate, Mozzarella, Basilikum – machen das Gericht zu einem herrlichen Sommermittagessen. Übrigens: Wenn Ihre Heißluftfritteuse meiner ähnelt und über einen Korb mit festem Boden verfügt, können Sie den Rost unten herausnehmen und nur den Korbboden verwenden.

Caprese-Frittata

FÜR 2 PORTIONEN

6 Eier (Größe L)
2 Handvoll Mini-Mozzarellakugeln
1 TL getrockneter Oregano
Salz und Pfeffer
15 Kirschtomaten, halbiert
1 Zwiebel, abgezogen und fein gehackt
1 Handvoll frische Basilikumblätter oder Basilikumöl

1 Die Eier in eine Schüssel geben und verquirlen. Mozzarellakugeln sowie Oregano unterrühren und mit Salz und Pfeffer würzen.

2 Tomaten und Zwiebel 5 Minuten bei 190 °C in der Heißluftfritteuse frittieren.

3 Die Eier-Mozzarella-Mischung dazugießen und 25 bis 30 Minuten mitfrittieren; dabei jedoch in den ersten 22 Minuten mit Alufolie bedecken, damit der Käse nicht verbrennt.

4 Die Frittata mit einem Spatel aus der Heißluftfritteuse nehmen.

5 Mit frischem Basilikum bestreut oder mit Basilikumöl beträufelt servieren.

PRO PORTION 589 KCAL

Auch hinter diesem Rezept steckt mein Wunsch, mehr Gemüse in meinen täglichen Speiseplan zu integrieren. Mit der Geschmackskombination aus Kichererbsen, eingelegten Gürkchen, Aubergine, Sesam und Gewürzen aus Nahost gehören diese Falafel eindeutig zu meinen Lieblingsgerichten. Obendrein kann alles in der Heißluftfritteuse zubereitet werden, sogar die Pita-Brote kann man darin rösten.

Falafel im Pita-Brot mit Tahini-Sauce und Gurken

FÜR 5 PORTIONEN

- 2 Dosen Kichererbsen à 400 g, abgegossen und abgespült
- 1 Handvoll frischer Koriander, grob gehackt
- 1 TL Öl
- 1½ TL gemahlener Kreuzkümmel
- 1 Zwiebel, abgezogen und fein gehackt
- 3 Knoblauchzehen, abgezogen und fein gehackt
- ½ TL Zimtpulver
- 1 TL Paprikapulver
- Saft von 1 Zitrone
- 3 EL Mehl
- Salz und Pfeffer
- kalorienarmes Ölspray

Für die Tahini-Sauce

- 6 EL Joghurt
- 3 EL Tahini (Sesampaste)
- 1 TL Chilipulver
- 3 EL leichte Mayonnaise
- Saft von 1 Limette

Außerdem

- 1 Aubergine, in dünne Scheiben geschnitten
- je ½ TL Paprikapulver und gemahlener Kreuzkümmel
- 5 Pita-Brote
- 200 g Hummus
- 2 große Tomaten, in dünne Scheiben geschnitten
- Gewürzgurken, in feine Scheiben geschnitten

1 Die Falafel-Zutaten ohne Ölspray in der Küchenmaschine zu einem Teig verarbeiten und diesen zu 20 bis 25 Bällchen formen.

2 Die Bällchen gründlich mit Öl besprühen und 15 Minuten bei 180 °C in der Heißluftfritteuse frittieren. Bei kleiner Heißluftfritteuse portionsweise vorgehen.

3 Die Auberginenscheiben mit Paprikapulver sowie Kreuzkümmel würzen und in den letzten 8 bis 10 Minuten Frittierzeit zu den Falafel geben.

4 Die Pita-Brote in der letzten Minute dazugeben oder separat rösten.

5 In der Zwischenzeit für die Tahini-Sauce alle Zutaten in einer Schüssel verrühren.

6 Die Pita-Brote aufschneiden. Mit Falafel, Hummus, Tomaten, Gurken, Auberginenscheiben und Tahini-Sauce füllen.

PRO PORTION 435 KCAL

Dieses Gericht versetzt mich immer in meine Kindheit bzw. in meine Zeit als Student zurück. Statt Lachs können Sie hier auch Kabeljau verwenden – stellen Sie nur sicher, dass der Fisch, den Sie nehmen wollen, ein so festes Fleisch hat, dass er sich gut in Stäbchen schneiden lässt, ohne auseinanderzufallen. Servieren können Sie die kleinen Leckereien mit Sauce tartare, Ketchup oder einem Relish Ihrer Wahl, und auch als Fischstäbchen-Sandwich machen sie sich ausgezeichnet.

Lachs-Fischstäbchen

FÜR 4 PORTIONEN

500 g Lachsfilet ohne Haut
2 Eier, verquirlt
Salz und Pfeffer
2 EL Mehl
180 g Semmelbrösel, gemischt mit 1 TL gemahlener Kurkuma

1 Den Fisch in Stäbchen schneiden und diese mit Küchenpapier trocken tupfen.

2 Die Eier mit Salz und Pfeffer würzen. Mehl, verquirlte Eier und Semmelbröselmischung in drei Schüsseln geben. Die Fischstäbchen zuerst in dem Mehl und dann in den Eiern wenden. Überschüssiges Ei abtropfen lassen und die Stäbchen zum Schluss mit der Semmelbröselmischung panieren.

3 Die panierten Fischstäbchen 12 Minuten bei 200 °C in der Heißluftfritteuse frittieren, dabei nach der Hälfte der Frittierzeit wenden.

PRO PORTION
184
KCAL

Dieses Gericht ist an ein japanisches Rezept angelehnt und gehört definitiv zu den Gemüsegerichten, die wirklich Spaß machen. Wie bereits erwähnt, versuche ich, mindestens einmal pro Woche einen Veggie Day einzulegen, wobei mir die Aubergine mit Honig, Miso und Sojasauce die Sache enorm erleichtert. Sie schmeckt fantastisch, ist würzig und hat einen verführerischen Hauch von Süße.

Aubergine mit Honig, Miso und Sojasauce

FÜR 2 PORTIONEN

- 2 mittelgroße Auberginen
- 2 EL Honig
- 1 TL Miso-Paste
- 2 EL dunkle Sojasauce
- ½ TL gemahlener Kreuzkümmel
- 1 TL Sesamöl
- 1 TL Sesamsamen
- Frühlingszwiebelringe und Korianderblätter zum Garnieren
- 1 Handvoll Granatapfelkerne

1 Die Auberginen längs halbieren, dann die Hälften noch einmal längs halbieren und das Fruchtfleisch mit einem scharfen Messer kreuzförmig einschneiden. Dabei darauf achten, dass die Schnitte nicht zu tief sind. (Dieser Schritt ist optional.)

2 Honig, Miso-Paste, Sojasauce, Kreuzkümmel und Sesamöl in eine Schüssel geben und verrühren.

3 Die Auberginenviertel mit der Mischung bestreichen und 14 bis 15 Minuten bei 180 °C in der Heißluftfritteuse frittieren, bis sie außen herrlich gebräunt und innen weich sind.

4 Mit Sesamensamen, Frühlingszwiebelringen, Korianderblättern sowie Granatapfelkernen bestreuen und servieren.

PRO PORTION **104** KCAL

Ich kann gar nicht genug von Spargel bekommen, und diese frittierte Version gibt ein wunderbares Brunchgericht ab, wenn man den Spargel mit einem pochierten Ei auf Toast serviert. Noch eleganter wird das Ganze mit Sauce hollandaise, Kalorienbewusste lassen diese jedoch lieber weg. Auch sehr lecker schmeckt der Spargel mit einem Spritzer Chilisauce.

Zitronen-Pfeffer-Spargel

FÜR 2 PORTIONEN

500 g grüner Spargel
abgeriebene Schale und Saft von 1 Bio-Zitrone
Salz
schwarzer Pfeffer, frisch gemahlen
kalorienarmes Ölspray

1 Die holzigen Enden des Spargels abschneiden und die Stangen im unteren Drittel schälen. Zitronenschale sowie Zitronensaft in einer Schüssel verrühren und den Spargel in der Mischung wenden. Mit Salz und Pfeffer bestreuen und mit Öl besprühen. Den Spargel anschließend 6 bis 7 Minuten bei 200 °C in der Heißluftfritteuse frittieren.

2 In der Zwischenzeit nach Belieben pochierte Eier zubereiten und 2 Scheiben Brot rösten. Den Spargel auf dem Brot anrichten und jeweils 1 pochiertes Ei daraufgeben. Mit etwas frisch gemahlenem Pfeffer bestreuen. Nach Belieben Sauce hollandaise dazu servieren.

PRO PORTION **537** KCAL

Diese Gua Baos – gefüllte Hefebrötchen – schmecken nicht nur himmlisch, sie stehen auch im Handumdrehen auf dem Tisch – bei mir sogar ziemlich oft! Lachs zählt zu den kalorienärmeren Eiweißlieferanten und macht immer satt, ob nun zum Mittag- oder Abendessen. Ich verwende Bao-Brötchen aus dem Supermarkt, das Rezept funktioniert aber auch mit Weizentortillas oder gedämpften Pancakes. Oder Sie genießen die Füllung nur mit einem Salat, denn eigentlich braucht der köstliche Fisch nicht unbedingt eine Kohlenhydratbegleitung.

Teriyaki-Lachs-Gua-Baos

FÜR 8 BAO-BRÖTCHEN BZW. 4 PORTIONEN

- 2 große Lachsfilets ohne Haut
- 2 EL Teriyaki-Sauce
- 1 EL Sojasauce
- 1 EL Honig
- Salz und Pfeffer
- 8 Bao-Brötchen
- 1 Salatgurke, in sehr feine Stifte geschnitten
- 150 g Edamame-Bohnen
- 1 große Handvoll Kopfsalatblätter
- 1 EL helle Sesamsamen

Für die Sauce

- 4 EL leichte Mayonnaise
- 3 EL süße Chilisauce
- 1 EL Sojasauce

1 Den Lachs in Stücke schneiden.

2 Teriyaki-Sauce, Sojasauce, Honig, Salz und Pfeffer in eine Schüssel geben und verrühren. Die Lachsstücke hineingeben und in der Mischung wenden. Anschließend 10 Minuten bei 190 °C in der Heißluftfritteuse frittieren.

3 In der Zwischenzeit für die Sauce Mayonnaise, süße Chilisauce und Sojasauce in eine Schüssel geben und verrühren. Die Bao-Brötchen nach Packungsanleitung erwärmen; Bao-Brötchen aus dem Supermarkt können in der Mikrowelle oder im Dampfgarer erwärmt werden.

4 Die Brötchen halbieren und mit Lachs, Gurkenstiften, Edamame-Bohnen sowie Salatblättern füllen. Mit der Sauce beträufelt und mit Sesamsamen bestreut servieren.

PRO PORTION
478
KCAL

Diese Garnelen mit Knoblauch und Chili lassen sich ebenfalls sehr schnell auf den Tisch zaubern und gehören zu den Klassikern der Tapas-Küche. Die im Rezept angegebenen Mengen lassen sich problemlos vervielfachen; ich bereite das Gericht aber nicht nur gern für Freunde, sondern auch für mich allein zu – in weniger als 15 Minuten. Am besten schmecken die Garnelen mit etwas knusprigem Weißbrot.

Garnelen-Pil-Pil

FÜR 2 PORTIONEN

4–5 EL Olivenöl extra vergine
1 TL Paprikapulver
1 TL Chiliflocken
3 Knoblauchzehen, abgezogen und in feine Scheiben geschnitten
Salz und Pfeffer
250 g küchenfertige Garnelen ohne Schale
einige Scheiben Brot, z. B. Baguette oder Sauerteigbrot
1 Handvoll gehackte Petersilie

1 Olivenöl, Paprikapulver, Chiliflocken, Knoblauch, Salz und Pfeffer in eine ofenfeste Tapasform geben und verrühren. Die Mischung in der Form für 8 bis 10 Minuten bei 200 °C in die Heißluftfritteuse geben, damit das Öl richtig heiß wird.

2 Die Garnelen ins heiße Öl geben und vorsichtig darin wenden. 5 Minuten in der Heißluftfritteuse frittieren.

3 Anschließend das Brot entweder ebenfalls in der Heißluftfritteuse (5 Minuten) oder im Ofen rösten und die Garnelen mit der gehackten Petersilie bestreuen. Das Brot zu den Garnelen servieren.

Abendessen unter der Woche

PRO PORTION **702** KCAL

Dieses Gericht ist von den Aromen des jamaikanischen Jerk Chicken inspiriert, wenngleich das Original mit Scotch-Bonnet-Chilischoten zubereitet wird. Da diese nicht in allen Supermärkten erhältlich sind, habe ich eine eigene Version kreiert. Sie können die Hähnchenkeulen in der Heißluftfritteuse frittieren oder im Ofen backen. Mit dem herrlich duftenden Kokosreis sind sie schon etwas ganz Besonderes.

Pikante Hähnchenkeulen mit Kokosreis

FÜR 4 PORTIONEN

- 1 TL Paprikapulver
- 1 TL Chiliflocken
- 1 TL getrocknete Petersilie
- 1 TL Mixed Spice (Gewürzmischung)
- 1 TL gemahlener Kreuzkümmel
- 1 TL Zwiebelpulver
- 1 TL Knoblauchpulver
- 1 TL gemahlener Ingwer
- 1 EL brauner Zucker
- 12 Hähnchenkeulen
- 2 EL Öl zum Frittieren
- Saft von 1 Limette
- 1 Handvoll frischer Koriander

Für den Kokosreis

- 300 g Reis
- 400 ml fettreduzierte Kokosmilch aus der Dose
- 400 g Kidneybohnen aus der Dose, abgegossen und abgespült (optional)

In die Kalorienangabe sind die optionalen Kidneybohnen nicht mit eingerechnet.

1 Gewürze und Zucker in eine Schüssel geben und verrühren. Das Fleisch in der Mischung wenden. Zugedeckt im Kühlschrank einige Stunden oder über Nacht ziehen lassen.

2 Das Fleisch mit Öl beträufeln und 22 bis 25 Minuten bei 200 °C in der Heißluftfritteuse frittieren. Dabei nach der Hälfte der Frittierzeit wenden.

3 Den Reis in 200 Milliliter Wasser und Kokosmilch zum Kochen bringen und bei mittlerer Temperatur 15 bis 20 Minuten köcheln lassen. In den letzten Minuten die Bohnen mitgaren. Abgießen.

4 Das gegarte Fleisch mit Limettensaft beträufeln, auf dem Reis anrichten und mit Koriander bestreut servieren.

PRO PORTION
339
KCAL

Dieses Rezept gehört zweifelsohne zu den einfachsten in diesem Buch, gleichzeitig ist es eines der Gerichte, die am wenigsten mit Aromen geizen. Die Hähnchenbrust schmeckt ausgezeichnet mit einem Salat, mit Pommes oder mit Kartoffeln. Wenn ich nach der Arbeit nach Hause komme und versucht bin, mir etwas zu essen zu bestellen, koche ich meist dann doch lieber dieses köstliche Gericht.

Hähnchenbrust mit Peperoni-Salami und Pesto

FÜR 2 PORTIONEN

2 Hähnchenbrustfilets
1 EL Cajun-Gewürzmischung
8 große Scheiben Peperoni-Salami
2 TL rotes Pesto
4 Scheiben Mozzarella, gerieben

1 Die Hähnchenbrustfilets mit der Cajun-Gewürzmischung einreiben und anschließend zu Taschen schneiden. Das Fleisch mit Salamischeiben, Pesto und Mozzarella füllen und die Taschen fest verschließen.

2 Die Heißluftfritteuse 1 Minute vorheizen, dann die Hähnchenbrustfilets hineingeben und 16 bis 17 Minuten bei 190 °C frittieren.

PRO PORTION **440** KCAL

Selbst überzeugte Fleischesser kommen bei diesem Burger ins Schwärmen. Die Rote Bete kann auch durch ein anderes Gemüse Ihrer Wahl ersetzen werden – lassen Sie Ihrer Fantasie freien Lauf und probieren Sie es doch einmal mit Zucchini, Blumenkohl oder was auch immer gerade Saison hat. Der Rote-Bete-Burger eignet sich perfekt für ein schnelles Mittag- oder Abendessen unter der Woche. Dazu passen ein Salat, süße Chilisauce und eine Handvoll Pommes.

Rote-Bete-Burger

FÜR 4 BURGER

- 500 g Rote Bete aus dem Glas, abgegossen
- 400 g Kichererbsen aus der Dose, abgegossen und abgespült
- 1 kleine Handvoll frischer Koriander und frische Minze
- 1 rote Zwiebel, abgezogen und gehackt
- 1 Karotte, geschält und geraspelt
- 2 Knoblauchzehen, abgezogen und gerieben
- 1 Ei (Größe L) oder 2 Eier (Größe M)
- 40 g Haferflocken
- 1 EL Öl
- Saft von ½ Zitrone
- Salz und Pfeffer
- 150 g Feta, zerkrümelt
- kalorienarmes Ölspray
- 4 Burgerbrötchen

1 Die abgegossene Rote Bete mit Küchenpapier trocken tupfen, damit die Burger nicht matschig werden.

2 Rote Bete, Kichererbsen, Koriander, Minze, Zwiebel, Karotte, Knoblauch, Ei, Haferflocken, Öl, Zitronensaft, Salz und Pfeffer in der Küchenmaschine zu einem Burgerteig verarbeiten. Den Feta dazugeben und aus der Masse 4 Burger-Pattys formen.

3 Die Heißluftfritteuse auf 200 °C vorheizen und die Pattys mit Ölspray besprühen. In 10 bis 12 Minuten knusprig frittieren, dabei bei Bedarf nach der Hälfte der Frittierzeit wenden.

4 Die Burgerbrötchen aufschneiden und die Rote-Bete-Pattys hineingeben. Nach Belieben garnieren und servieren.

PRO PORTION 490 KCAL

Auch dieses fantastische Gericht steht in weniger als 15 Minuten auf dem Tisch und eignet sich deshalb hervorragend als Abendessen unter der Woche. Mich erinnert es an meine Kindheit, weil meine Oma es mir auf meinen Wunsch hin immer sonntags zubereitete. Sehr gut dazu passen gekochte Frühkartoffeln oder Kartoffelwürfel (siehe S. 166), auch ein Beilagensalat oder Gemüse schmeckt ausgezeichnet dazu.

Lammkoteletts im Minzmantel

FÜR 4 PORTIONEN

- 2 EL Öl
- 3 Knoblauchzehen, abgezogen und gerieben
- 1 Handvoll frische Minze, gehackt
- frischer Rosmarin, fein gehackt
- Salz und Pfeffer
- 700 g Lammkoteletts

1 Öl, Knoblauch, Minze und Rosmarin in eine Schüssel geben und verrühren. Mit Salz und Pfeffer würzen. Die Lammkoteletts in der Mischung wenden.

2 Die Heißluftfritteuse 2 bis 3 Minuten vorheizen, damit das Fleisch gleich zu brutzeln beginnt, wenn es hineingegeben wird. Die Lammkoteletts 10 Minuten bei 180 °C in der Heißluftfritteuse frittieren; wer sie recht dunkel mag, frittiert sie 2 Minuten länger, sie sollten nur nicht übergart werden.

3 Das Fleisch 3 Minuten ruhen lassen und servieren.

PRO PORTION
468
KCAL

Wer dieses Gericht serviert, steht automatisch unter Verdacht, es heimlich per Lieferdienst bestellt zu haben. Am besten schmeckt das süßscharfe Rindfleisch mit Nudeln, Frühlingszwiebeln und frischen roten Chilischoten. Es ist sehr knusprig, seine süße Schärfe verdankt es der Kombi aus Honig und Sriracha-Sauce. Sie können das Gericht auch mit Hähnchenstreifen zubereiten, diese sollten allerdings für 15 Minuten in die Heißluftfritteuse wandern.

Süßscharfes Rindfleisch

FÜR 3 PORTIONEN

500 g Rindersteak, in Streifen geschnitten
2 EL Maismehl
kalorienarmes Ölspray
1 Zwiebel, abgezogen und grob gehackt
1 Handvoll Zuckererbsen, längs halbiert

Für die Sauce
3 EL Sriracha-Sauce
3 EL Hoisin-Sauce
3 EL Honig
4 Knoblauchzehen, abgezogen und gehackt
1 TL Reisessig
1 EL Sesamöl
2 EL süße Chilisauce

1 Die Fleischstreifen mit Maismehl bestäuben und gründlich mit Öl besprühen. 8 bis 10 Minuten bei 190 °C in der Heißluftfritteuse frittieren – wer sie noch knuspriger mag, lässt sie etwas länger drin.

2 In der Zwischenzeit in einer mit Öl besprühten Pfanne Zwiebel und Zuckererbsen bei mittlerer Temperatur weich dünsten.

3 Das Fleisch in die Pfanne geben und die Zutaten für die Sauce dazugeben. Alles 1 bis 2 Minuten bei mittlerer Temperatur braten, bis die Sauce etwas andickt. Servieren.

Wird das Gericht mit 150 Gramm Nudeln serviert, kommen 207 Kilokalorien pro Portion dazu.

PRO PORTION
318
KCAL

Wahrscheinlich haben Sie schon einmal Kiewer Kotelett gegessen, ohne zu wissen, dass das Gericht so heißt. Bei diesem Rezept haben Sie zwei Optionen: Möchten Sie die schnellere Version und macht es Ihnen nichts aus, wenn die Füllung leicht herausläuft, verwenden Sie Hähnchenbrustfilets; andernfalls bereiten Sie das Kiewer Kotelett mit Hähnchenhackfleisch zu. Sollten Sie dieses im Supermarkt nicht bekommen, stellt Putenhackfleisch eine gute Alternative dar.

Kiewer Kotelett

FÜR 4 PORTIONEN

4 EL leichte Butter
6 Knoblauchzehen, abgezogen und fein gehackt
1 Handvoll frische Petersilie, fein gehackt
Salz und Pfeffer
4 Hähnchenbrustfilets oder 500 g Hähnchenhack, mit 1 TL Frischkäse vermengt
1 Ei, verquirlt
100 g Semmelbrösel
kalorienarmes Ölspray

1 Butter, Knoblauch, Petersilie sowie Salz und Pfeffer in eine Schüssel geben und mit einer Gabel vermengen. Die Mischung auf ein Stück Klarsichtfolie geben und zu einer Rolle formen. Die Rolle für 2 Stunden oder über Nacht ins Tiefkühlfach legen.

2 Die Hähnchenbrustfilets im Schmetterlingsschnitt aufschneiden, die Knoblauchbutter hineingeben und das Fleisch verschließen. Alternativ das Hackfleisch um die Butter herum zu einem Steak formen.

3 Ei und Semmelbrösel jeweils in eine Schüssel geben. Das Fleisch im Ei wenden, überschüssiges Ei abtropfen lassen. Das Fleisch dann in den Semmelbröseln wenden. Mit Öl besprühen und 22 Minuten bei 200 °C in der Heißluftfritteuse frittieren.

4 Sollte viel Knoblauchbutter ausgelaufen sein, das Fleisch aus der Heißluftfritteuse nehmen und vor dem Servieren mit der heißen Butter begießen.

Der Frischkäse macht das Fleisch feuchter – den Tipp habe ich aus einem Koch-Forum.

PRO PORTION 381 KCAL

Ich werde nie wieder ein Grillhähnchen im Ofen zubereiten – dafür schmeckt die Version aus der Heißluftfritteuse einfach zu köstlich! Das Hähnchen ist außen viel knuspriger und innen so mürbe, dass das Fleisch fast vom Knochen fällt. Sie können es zum Mittag- oder Abendessen genießen und Reste für ein anderes Rezept verwenden. Am saftigsten wird es, wenn man es zuerst mit der Brustseite nach unten gart.

Grillhähnchen aus der Heißluftfritteuse

FÜR 4 PORTIONEN

1 EL Olivenöl
1 TL Paprikapulver
1 TL getrockneter Oregano
1 TL getrocknetes Basilikum
Salz und Pfeffer
1 mittelgroßes ganzes Hähnchen
kalorienarmes Ölspray (optional)

1 Olivenöl, Paprikapulver, Oregano, Basilikum sowie Salz und Pfeffer in einer Schüssel verrühren und das Hähnchen rundum mit der Mischung bestreichen.

2 Das Hähnchen mit der Brustseite nach unten 50 Minuten bei 190 °C in der Heißluftfritteuse frittieren; dabei den Boden der Fritteuse mit Öl einsprühen, damit die Haut nicht anhaftet. Wer mag, kann das Hähnchen auch gleich mit der Brustseite nach oben frittieren.

3 Das Hähnchen wenden und wenn möglich mit dem Öl vom Boden begießen. Anschließend weitere 15 Minuten frittieren.

Die angegebene Garzeit bezieht sich auf ein mittelgroßes Hähnchen, größere Hähnchen brauchen etwas länger. Stecken Sie die Spitze eines scharfen Messers in einen Schenkel; ist der austretende Saft klar, ist das Hähnchen gar.

PRO PORTION **542** KCAL

Dieses Gericht ist herrlich erfrischend und leicht und eignet sich deshalb ausgezeichnet für ein sommerliches Abendessen. Außerdem könnte Kochen einfacher kaum sein. Ich habe das marinierte Hähnchen mit Zitrone und Knoblauch schon für zwei Personen zubereitet, es reicht aber auch für drei Genießer. Sehr gut dazu passen dünnes Fladenbrot, Tomatenscheiben, frische Basilikumblätter und ein Klecks Tsatsiki.

Mariniertes Hähnchen mit Zitrone und Knoblauch

FÜR 3 PORTIONEN

- 1 EL Knoblauchpulver
- Saft von 2 Zitronen
- 1 TL getrockneter Oregano
- 1 TL frischer oder getrockneter Rosmarin
- 3 EL Joghurt
- 2 EL Öl
- Salz und Pfeffer
- 400 g Hähnchenschenkel ohne Knochen, ohne Haut, in mundgerechte Stücke geschnitten

1 Knoblauchpulver, Zitronensaft, Oregano, Rosmarin, Joghurt, Öl sowie Salz und Pfeffer in eine Schüssel geben und verrühren. Die Hähnchenstücke in der Mischung wenden und einige Stunden im Kühlschrank ziehen lassen (das Fleisch kann aber auch sofort gegart werden).

2 Die marinierten Hähnchenstücke 20 Minuten bei 200 °C in der Heißluftfritteuse frittieren.

In die Kalorienangabe sind die Beilagen, so, wie sie hier abgebildet sind (Fladenbrot, Tsatsiki und Tomaten), eingerechnet.

PRO PORTION
526
KCAL

Über dieses Gericht werden sich Familie und Freunde freuen, und dank der kürzeren Zubereitungszeit in der Heißluftfritteuse kann man es auch gut unter der Woche einplanen. Wird das Fleisch vorher in Scheiben geschnitten, verkürzt sich die Garzeit noch mehr. Das chinesische Fünf-Gewürze-Pulver verleiht dem Schweinebauch seinen tollen und authentischen Geschmack, für die Knusprigkeit sorgen Salz und Honig.

Knusprig-aromatischer Schweinebauch

FÜR 5 PORTIONEN

- 1 kg Schweinebauch mit Schwarte
- 1 EL Fünf-Gewürze-Pulver
- 1 TL Knoblauchpulver
- 2 EL Honig
- 1 EL Meersalzflocken

1 Das Fleisch mit Küchenpapier trocken tupfen – nur so wird es hinterher schön knusprig.

2 Die Schwarte mit einem Spieß mehrmals durchstechen; dabei darauf achten, dass das Fleisch intakt bleibt.

3 Das Fleisch mit dem Fünf-Gewürze-Pulver und die Schwarte mit Knoblauchpulver, Honig und Meersalzflocken einreiben.

4 Den Schweinebauch in Alufolie wickeln und 1 Stunde und 5 Minuten bei 200 °C in der Heißluftfritteuse garen.

5 Die Folie entfernen und den Schweinebauch weitere 10 bis 12 Minuten frittieren, bis die Schwarte schön knusprig ist.

6 Mit einem Salat oder einer anderen Beilage nach Wahl servieren; auch selbst gemachte Pommes passen sehr gut dazu.

Reste können in vielen anderen Rezepten verwendet werden, etwa als Füllung für Bao-Brötchen oder Pita-Brot. Dazu passt gedämpftes Gemüse.

PRO PORTION 294 KCAL

Das köstliche Kung-Pao-Hähnchen kann auch mit Rind- oder Schweinefleisch zubereitet werden – wahrscheinlich ist die Variante mit Schweinefleisch am weitesten verbreitet. Mit Reis oder Nudeln serviert ergibt die Fleisch-Gemüse-Mischung ein Abendessen, das auch unter der Woche schnell auf dem Tisch steht. Es schmeckt so gut, dass man glauben könnte, es sei vom chinesischen Restaurant um die Ecke geliefert!

Kung-Pao-Hähnchen

FÜR 4 PORTIONEN

3 Hähnchenbrustfilets, in mundgerechte Stücke geschnitten
1–2 EL Sojasauce
3–4 EL Maismehl
½ TL Fünf-Gewürze-Pulver
kalorienarmes Ölspray
1 Zwiebel, abgezogen und grob gehackt
je 1 rote und grüne Paprikaschote, grob gehackt
1 Karotte, in Stifte geschnitten
Frühlingszwiebeln, gehackt, und Erdnüsse zum Garnieren

Für die Sauce

4 EL Sojasauce
1 EL Shaoxing-Reiswein
1 TL fein geriebener Ingwer
1 EL Hoisin-Sauce
1 EL Sriracha-Sauce
1 TL Chiliflocken
1 EL Maismehl
2 EL Honig
3 Knoblauchzehen, abgezogen und gehackt

Mit 200 Gramm Reis hat jede Portion 554 Kilokalorien.

1 Fleisch, Sojasauce, Maismehl und Fünf-Gewürze-Pulver in einen verschließbaren Behälter geben und diesen schütteln, um das Fleisch in der Mischung zu wenden.

2 Mit Öl besprühen und 12 bis 14 Minuten bei 200 °C in der Heißluftfritteuse frittieren.

3 Inzwischen das Gemüse in einer Pfanne weich dünsten.

4 Das Fleisch, alle Saucenzutaten und 50 Milliliter Wasser dazugeben. Mit Frühlingszwiebeln und Erdnüssen garnieren.

PRO STÜCK **224** KCAL

Ich esse Tacos für mein Leben gern, und würde mich jemand nach meiner Lieblingsfüllung fragen, würde ich immer »Kabeljau« antworten. Fisch-Tacos schmecken einfach himmlisch, die Aromen der Zitrone und Limette machen sie herrlich erfrischend. Mit diesem Rezept dürfen Sie wirklich spielen: Sie können eine andere Eiweißquelle nehmen, Mango oder Chili hinzufügen oder die Tacos ausschließlich vegetarisch füllen – die Möglichkeiten sind beinahe endlos.

Fisch-Tacos

FÜR 8 TACOS

Für den Fisch
600 g Kabeljaufilets
Salz und Pfeffer
1 Ei
180 g Mehl
1 TL Backpulver
1 TL Zitronenpfeffer oder Zitronenschale

Für die Sauce
6 EL leichte Mayonnaise
3 EL griechischer Joghurt
2 EL Sriracha-Sauce
Saft von 1 Limette
1 TL Paprikapulver
1 TL Knoblauchpulver

Zum Servieren
8 Taco Shells
Kopfsalatstreifen
Tomatenwürfel
Rote-Zwiebel-Würfel
Korianderblätter
Guacamole *(siehe S. 46)*

1 Die Fischfilets mit Salz und Pfeffer würzen.

2 In einer Schüssel Ei, Mehl, Backpulver und Zitronenpfeffer mit 300 Milliliter Wasser klumpenfrei verrühren.

3 Den Fisch im Teig wenden und 14 bis 16 Minuten bei 200 °C in der vorgeheizten Heißluftfritteuse frittieren. Nach 10 Minuten nachsehen, damit auch nichts anbrennt.

4 In der Zwischenzeit für die Sauce alle Zutaten verrühren und die restliche Füllung vorbereiten.

5 Die Taco Shells mit Fisch, Salat, Tomate, Zwiebel, Koriander und Guacamole füllen und mit Sauce beträufelt servieren.

PRO STÜCK **320** KCAL

Das erste Mal habe ich Mango-Jalapeño-Sauce zu Chicken Wings probiert, und sie hat mir so gut geschmeckt, dass ich sie mittlerweile auch zu vielen anderen Gerichten genieße. Halloumi passt vor allem gut zu Saucen oder Dressings, die süß und dickflüssig sind, die Mango-Jalapeño-Sauce ist also ein geradezu perfekter Partner – ebenso wie das frische, knackige Gemüse, die Sour Cream und der Koriander.

Halloumi-Fajitas mit Mango-Jalapeño-Sauce

FÜR 6 FAJITAS

- 1 EL Öl
- 1 TL gemahlener Kreuzkümmel
- 1 EL Paprikapulver
- 1 TL Chilipulver
- 1 TL getrockneter Oregano
- Salz und Pfeffer
- 250 g Halloumi, in dünne Scheiben geschnitten
- 1 rote Paprikaschote, in dünne Streifen geschnitten
- 1 gelbe Paprikaschote, in dünne Streifen geschnitten
- 1 Zwiebel, abgezogen und grob gehackt
- 6–8 Weizentortillas
- 6 TL Sour Cream (optional)
- Koriander zum Garnieren

Für die Sauce

- 1 Mango, geschält und gehackt
- 2 EL Mangochutney
- 1–2 Jalapeño-Chilischoten
- 1 Gemüsezwiebel, abgezogen und grob gehackt
- 2 Knoblauchzehen, abgezogen

Wer es eilig hat, bereitet die Sauce aus Mangochutney, süßer Chilisauce und Jalapeño-Paste zu, doch die frische Variante ist viel köstlicher.

1 Öl, Kreuzkümmel, Paprikapulver, Chilipulver, Oregano sowie Salz und Pfeffer in einer Schüssel verrühren und Halloumi, Paprika sowie Zwiebel darin marinieren. Die Mischung 8 bis 10 Minuten bei 200 °C in der Heißluftfritteuse frittieren; dabei sollte der Halloumi möglichst oben liegen.

2 Inzwischen für die Sauce alle Zutaten mit 5 Esslöffel Wasser in der Küchenmaschine pürieren.

3 Die Tortillas mit der Halloumimischung füllen. Mit Sauce und Sour Cream beträufelt sowie mit Koriander garniert servieren.

PRO PORTION 595 KCAL

Dieses Gericht sieht aufwendig aus, ist es aber nicht – was es zu einem erstklassigen Kandidaten für ein Abendessen nach einem langen Arbeitstag macht. Außerdem lassen sich gut größere Mengen zubereiten, sodass man auch noch Freunde dazu einladen kann. Genießen Sie die Parmigiana mit frischem Basilikum garniert und mit einer Beilage Ihrer Wahl, etwa mit einem Salat, mit Kartoffeln oder mit Nudeln.

Hähnchen-Parmigiana mit Tomatensauce

FÜR 4 PORTIONEN

4 mittelgroße Hähnchenbrustfilets
80 g Maismehl
2 Eier (Größe L), verquirlt
80 g geriebener Parmesan
225 g Panko-Paniermehl
kalorienarmes Ölspray
75 g geriebener Mozzarella

Für die Tomatensauce

1 EL Olivenöl
4 Knoblauchzehen, abgezogen und gehackt
400 g passierte Tomaten
1 TL Zwiebelpulver
1 TL getrockneter Oregano
1 TL getrockneter Rosmarin
1 EL Aceto balsamico
Salz und Pfeffer

Wird die Parmigiana mit 180 Gramm Spaghetti serviert, kommen pro Portion noch 281 Kilokalorien dazu.

1 Die Hähnchenbrustfilets zwischen zwei Lagen Klarsichtfolie mit einem Nudelholz flach rollen.

2 Maismehl, Eier und mit Parmesan mit Panko gemischt jeweils in eine Schüssel geben. Das Fleisch erst im Mehl, dann in den Eiern wenden. Überschüssiges Ei abtropfen lassen. Zum Schluss das Fleisch in der Panko-Mischung wenden. Rundum mit Öl einsprühen und 14 Minuten bei 200 °C in der mit Backpapier ausgelegten Heißluftfritteuse frittieren.

3 Inzwischen für die Tomatensauce das Öl in einem Topf erhitzen und den Knoblauch darin weich dünsten. Die restlichen Zutaten dazugeben und einige Minuten köcheln lassen.

4 Das Fleisch mit Sauce begießen, mit Mozzarella bestreuen und diesen 2 Minuten in der Heißluftfritteuse schmelzen lassen.

PRO PORTION
323
KCAL

Vielleicht haben Sie sich gerade gefragt, warum der Sonntagsbraten im Kapitel »Abendessen unter der Woche« auftaucht, doch dank der Heißluftfritteuse steht dieses Gericht in etwas mehr als einer Stunde auf dem Tisch und ist so eben auch unter der Woche absolut machbar. Zudem eignet er sich für alle, die nicht den ganzen Sonntagvormittag in der Küche stehen wollen. Ich empfehle ihn mit Kartoffeln und Gemüse.

Schneller Sonntagsbraten

FÜR 6 PORTIONEN

1 kg Rindfleisch aus der Unterschale
1 EL Öl
Salz und Pfeffer

1 Das Fleisch rundum mit dem Öl einreiben und großzügig mit Salz und Pfeffer würzen. Die Heißluftfritteuse auf 200 °C vorheizen.

2 Das Fleisch zunächst 5 Minuten bei 200 °C in der Heißluftfritteuse frittieren, damit es außen schön knusprig wird. Anschließend die Temperatur auf 180 °C reduzieren und das Fleisch 40 Minuten weiterfrittieren.

3 Dann die Temperatur für 20 Minuten auf 140 °C reduzieren. Ich mag das Fleisch innen gern leicht rosa, doch Sie können es natürlich auch länger garen.

Ist Ihre Heißluftfritteuse sauber, können Sie den Fleischsaft aus dem Auffangbehälter am Boden für die Sauce verwenden. Ich bereite übrigens auch meine Röstkartoffeln (siehe S. 163) in der Heißluftfritteuse zu.

PRO PORTION
503
KCAL

Dieses Gericht erinnert mich immer an meine Jugendzeit, als meine Mutter es oft für mich zubereitet hat. Ich liebe die Pfefferkruste der Koteletts, die ganz ausgezeichnet mit einem Salat, etwas Couscous und einem Maiskolben schmecken. Und gart man sie in der Heißluftfritteuse statt im Ofen, stehen sie auch noch im Handumdrehen auf dem Tisch.

Gepfefferte Schweinekoteletts

FÜR 4 PORTIONEN

- 4 Schweinekoteletts
- 1–2 EL Öl oder etwas kalorienarmes Ölspray
- 1 TL Gewürzmischung für American Burger (vertrauen Sie mir!)
- 1 EL Paprikapulver
- 1 TL Zwiebelpulver
- 1 TL getrocknete Petersilie
- 1 TL Knoblauchpulver
- 1 TL schwarze Pfefferkörner, zerdrückt
- Salz

1 Die Schweinekoteletts mit Küchenpapier trocken tupfen. In einer Schüssel Öl, Gewürzmischung für American Burger, Paprikapulver, Zwiebelpulver, Petersilie, Knoblauchpulver, Pfefferkörner und Salz verrühren und die Koteletts gründlich in der Mischung wenden.

2 Die Heißluftfritteuse auf 200 °C vorheizen und die gewürzten Schweinekoteletts 11 bis 12 Minuten darin frittieren. Sind die Koteletts sehr groß, verlängert sich die Frittierzeit auf 14 Minuten.

Fakeaways

PRO STÜCK
53
KCAL

Ich weiß, dass Zwiebel-Bhajis für gewöhnlich als Vorspeise oder Beilage bestellt werden, doch ich liebe sie auch als Snack, wenn der kleine Hunger kommt. Sie schmecken einfach fantastisch und haben in dieser Variante aus der Heißluftfritteuse auch deutlich weniger Kalorien als das traditionelle indische Takeaway-Gericht.

Zwiebel-Bhajis

FÜR 12 STÜCK

3 Gemüsezwiebeln, abgezogen und in Scheiben geschnitten
80 g Maismehl
1 EL gemahlene Kurkuma
1 TL gemahlener Kreuzkümmel
½ TL gemahlener Koriander
1 TL Garam Masala
1 TL geriebener Knoblauch
½ daumengroßes Stück frischer Ingwer, gehackt
1 Ei, verquirlt
Salz und Pfeffer

1 Die Zwiebelscheiben in Küchenpapier wickeln und gründlich trocken tupfen.

2 Mit Maismehl, Kurkuma, Kreuzkümmel, Koriander, Garam Masala, Knoblauch, Ingwer, Ei sowie Salz und Pfeffer in eine Schüssel geben und vermengen. Aus der Masse mit den Händen 12 Bällchen oder Küchlein formen. Dabei bei Bedarf etwas Wasser zugeben, damit sich die Masse formen lässt.

3 Die Zwiebelbällchen 15 Minuten bzw. so lange bei 180 °C in der Heißluftfritteuse frittieren, bis sie die gewünschte Knusprigkeit erreicht haben.

PRO PORTION
134
KCAL

Diese mit Sesam bestreuten Riesengarnelen-Toasts sind schon etwas ganz Besonderes, vor allem wenn man sie mit etwas süßer Chilisauce zum Dippen serviert. Bin ich irgendwo zu Gast und ist nur noch ein Toast übrig, gebe ich mir immer große Mühe, dieses – möglichst höflich – zu ergattern. Diese kalorienärmere Variante aus der Heißluftfritteuse lässt sich wunderbar unter der Woche naschen. Wenn Sie sie mit frischen Garnelen zubereiten und nicht alle brauchen, können Sie die restlichen problemlos einfrieren.

Riesengarnelen-Toast

FÜR 4 PORTIONEN

- 160 g Riesengarnelen, geschält und vom Darmfaden befreit
- 1 TL geriebener Knoblauch
- 1 TL Sesamöl
- 4 Scheiben Weißbrot
- 1 EL helle und schwarze Sesamsamen
- 2 Eier, verquirlt
- kalorienarmes Ölspray
- frischer Koriander zum Garnieren

1 Garnelen, Knoblauch und Sesamöl in der Küchenmaschine zu einer Paste verarbeiten. Alternativ die Garnelen mit einem scharfen Messer hacken, mit Knoblauch und Sesamöl in eine Schüssel geben und alles mit einer Gabel zu einer Paste verrühren.

2 Das Brot mit der Garnelenpaste bestreichen. Die Sesamsamen auf einen Teller geben und die Brote mit der bestrichenen Seite nach unten hineindrücken. Anschließend in jeweils 4 kleine Dreiecke schneiden.

3 Die Eier in eine breite Schüssel geben und die Brote mit der unteren Seite kurz hineintauchen. Überschüssiges Ei abtropfen lassen. So werden die Toasts schön goldbraun und knusprig.

4 Die Brote mit der belegten Seite nach oben in die Heißluftfritteuse geben, mit Öl besprühen und 8 Minuten bei 200 °C frittieren.

5 Mit frischem Koriander bestreut servieren.

PRO PORTION 483 KCAL

Ich könnte mich in alles, was in Schwarze-Bohnen-Sauce gegart wurde, buchstäblich hineinlegen. Am meisten liebe ich das Gericht mit Rindfleisch, die Version mit Hähnchen hier ist jedoch etwas schlanker und preiswerter. Knusprig paniertes Hähnchen in samtiger Schwarze-Bohnen-Sauce ist einer meiner Favorites, insbesondere wenn es mit Reis und mit Frühlingszwiebelringen bestreut serviert wird.

Knuspriges Hähnchen in Schwarze-Bohnen-Sauce

FÜR 4 PORTIONEN

2 gehäufte EL Maismehl
1 Ei, verquirlt
200 g Semmelbrösel, Panko-Paniermehl oder fein zerstoßene Cornflakes
400 g Hähnchenbrustfilets, in dünne Streifen geschnitten
kalorienarmes Ölspray

Für das Gemüse

75 g Champignons, geviertelt
1 grüne Paprikaschote, in mundgerechte Stücke geschnitten
1 Zwiebel, abgezogen und grob gehackt
400 g schwarze Bohnen aus der Dose, abgegossen und abgespült

Für die Sauce

4 EL dunkle Sojasauce
1 TL Austernsauce
1 EL Hoisin-Sauce
4 Knoblauchzehen, abgezogen und zerdrückt
300 ml Hühnerbrühe
½ daumengroßes Stück frischer Ingwer, gerieben
1 EL Maismehl (optional)

1 Maismehl, Ei und Semmelbrösel jeweils in eine Schüssel geben. Das Fleisch zuerst im Maismehl, dann im Ei und schließlich in den Semmelbröseln wenden.

2 Mit Öl besprühen und 10 bis 12 Minuten bei 200 °C in der Heißluftfritteuse frittieren. Dabei im Auge behalten – je dünner die Hähnchenstreifen, desto schneller sind sie gar.

3 In der Zwischenzeit das Gemüse in einer beschichteten Pfanne bei mittlerer Temperatur andünsten. Die schwarzen Bohnen sowie die Saucenzutaten dazugeben und alles köcheln lassen, bis die Sauce leicht eindickt.

4 Das Fleisch in die Sauce geben, alles gründlich verrühren und noch einmal erwärmen. Servieren.

PRO PORTION
685
KCAL

Dieser BLT-(Bacon-Lettuce-Tomato-)Burger ist mit Hähnchen, das in Cornflakes – deshalb CBLT – paniert wurde, zubereitet. Was sich zunächst vielleicht komisch anhört, schmeckt dann aber einfach unglaublich lecker. Das Rezept ist zwar für zwei Burger angelegt, doch wenn ich allein zu Hause bin, fackle ich in der Regel nicht lange und genieße beide Hähnchenbrustfilets in einem Burger! In die angegebenen Kalorien sind alle optionalen Toppings eingerechnet. Wer es etwas leichter mag, lässt Letztere einfach weg.

CBLT-Burger

FÜR 2 BURGER

2 Eier, verquirlt
70 g Cornflakes, gemahlen
1 TL Cajun-Gewürzmischung
1 TL Paprikapulver
1 TL getrockneter Oregano
1 TL Zitronensalz (optional)
2 Hähnchenbrustfilets
2 Scheiben Bacon
2 Burgerbrötchen
leichte Mayonnaise, Salatblätter und Tomatenscheiben zum Belegen und Bestreichen
2 TL grünes Pesto (optional)

1 Die Eier in eine Schüssel geben. Cornflakes, Cajun-Gewürzmischung, Paprikapulver, Oregano und Zitronensalz in eine zweite Schüssel geben und verrühren.

2 Die Hähnchenbrustfilets zwischen zwei Lagen Klarsichtfolie mit dem Nudelholz etwas flach rollen. Anschließend das Fleisch zuerst in den Eiern wenden. Überschüssiges Ei abtropfen lassen und das Fleisch dann in der Cornflakes-Gewürz-Mischung wenden.

3 Die panierten Hähnchenbrustfilets 17 Minuten bei 170 °C in der Heißluftfritteuse frittieren (die Temperatur sollte nicht zu hoch sein, da die Cornflakes sonst verbrennen; am besten nach etwa 15 Minuten nachsehen und die Temperatur bei Bedarf reduzieren).

Mahlen Sie die Cornflakes in der Küchenmaschine oder in einem verschlossenen Beutel mit einem Nudelholz.

4 In den letzten 8 bis 10 Minuten Frittierzeit den Bacon dazugeben. Meine Heißluftfritteuse verfügt über zwei Körbe, sodass ich den Bacon separat bei 200 °C frittieren kann. Bei nur einem Korb den Bacon 10 bis 12 Minuten bei 170 °C mitfrittieren, also 5 Minuten nach dem Burger in die Fritteuse geben.

5 Die Burgerbrötchen mit Mayonnaise, Salat, Tomate, Hähnchenbrustfilets, Bacon sowie Pesto füllen und servieren.

PRO PORTION
417
KCAL

Wahrscheinlich haben die meisten Menschen das Katsu-Curry jener berühmten japanischen Restaurantkette schon einmal probiert. Meine Version für zu Hause ist jedoch ein wenig anders. Zum einen verwende ich Süßkartoffeln statt Hähnchen, und zum anderen sparen Sie mit diesem Rezept Zeit und Geld. Natürlich können Sie das Gericht auch zu Hause mit Hähnchen zubereiten (siehe Tipp). Dazu passen Basmatireis und ein Salat.

Katsu-Curry mit Süßkartoffeln

FÜR 4 PORTIONEN

2 EL Mehl
2 Eier, verquirlt
120 g Panko-Paniermehl
600 g Süßkartoffeln, geschält und längs in Scheiben geschnitten
kalorienarmes Ölspray

Für die Sauce
kalorienarmes Ölspray
1 Zwiebel, abgezogen und grob gehackt
1 Karotte, grob gehackt
1 TL Knoblauchpulver
200 ml Hühnerbrühe
400 ml fettreduzierte Kokosmilch aus der Dose
1 kleines Stück frischer Ingwer, geschält und gerieben
2 EL Sojasauce
2 EL Currypulver
1 TL gemahlene Kurkuma
1 TL Streusüßstoff
1 EL Maismehl
Salz und Pfeffer

Wenn Sie die Sauce nicht pürieren, lassen Sie die Karotte weg. Wenn Sie Hähnchen verwenden, nehmen Sie 4 Hähnchenbrustfilets, rollen sie etwas flach und frittieren sie für 14 bis 15 Minuten.

1 Für die Sauce eine Pfanne mit Öl besprühen und Zwiebel sowie Karotte bei mittlerer Temperatur darin weich dünsten. Die restlichen Zutaten dazugeben und alles 15 Minuten köcheln lassen. Anschließend mit dem Stabmixer glatt mixen.

2 Mehl, Eier und Panko jeweils in eine Schüssel geben. Die Süßkartoffelscheiben zuerst in dem Mehl, dann in den Eiern wenden. Überschüssiges Ei abtropfen lassen und die Süßkartoffeln zum Schluss in Panko wenden. Mit Öl besprühen und 12 Minuten bei 190 °C in der Heißluftfritteuse frittieren.

3 Die frittierten Süßkartoffelscheiben mit der Sauce servieren.

PRO PORTION **331** KCAL

Dieses großartige süß-säuerliche Gericht bereite ich mir immer dann zu, wenn ich Lust auf chinesisches Essen habe, mir aber nichts liefern lassen will, weil ich eine preiswertere und kalorienärmere Variante bevorzuge. Außerdem steht mein Zitronenhähnchen in weniger als 30 Minuten auf dem Tisch – da hat sich der Lieferant vom Chinarestaurant bestenfalls gerade erst aufs Fahrrad geschwungen!

Zitronenhähnchen

FÜR 3 PORTIONEN

2 gehäufte EL Maismehl
1 TL Knoblauchpulver
1 TL gemahlener Ingwer
3 Hähnchenbrustfilets, in mundgerechte Stücke geschnitten
kalorienarmes Ölspray

Für die Sauce

Saft von 1 großen Zitrone
3 EL Honig
100 ml Hühnerbrühe
3 EL Sojasauce
3 Knoblauchzehen, abgezogen und fein gehackt
1 TL gemahlener Ingwer

Zum Garnieren

Frühlingszwiebelringe
Bio-Zitronenscheiben
Sesamsamen

1 Maismehl, Knoblauchpulver und Ingwer in einer Schüssel verrühren und das Fleisch in der Mischung wenden. Mit etwa 20 Sprühstößen Öl besprühen und anschließend 20 Minuten bei 200 °C in der Heißluftfritteuse frittieren.

2 Für die Sauce alle Zutaten in einer Pfanne bei hoher Temperatur erhitzen, bis die Mischung andickt. Das Fleisch vor dem Servieren in der Sauce wenden und mit Frühlingszwiebelringen, Zitronenscheiben sowie Sesamsamen garniert servieren.

Wird das Zitronenhähnchen mit 200 Gramm Reis serviert, kommen 260 Kilokalorien pro Portion dazu.

PRO PORTION
469
KCAL

Ich bin süchtig nach Bang Bang Chicken, weshalb ich diese Heißluftfritteusenversion für zu Hause entwickelt habe. Sie ergibt ein außerordentlich vielseitiges Abendessen, da man das Gericht mit einem Salat kombinieren, als Sandwichfüllung verwenden oder mit Nudeln oder Reis servieren kann. Wer es eilig hat, kann auch nur die Sauce zubereiten, etwas Grillhähnchenfleisch unterrühren und die Mischung mit Salatgurkenscheiben in ein Sandwich geben.

Hähnchen mit Erdnussdip

FÜR 3 PORTIONEN

- 70 g Maismehl
- 1 TL Paprikapulver
- 2 Eier, verquirlt
- 120 g frische Semmelbrösel oder Panko-Paniermehl
- 3 Hähnchenbrustfilets, in schmale Streifen geschnitten

Für den Dip

- 4 EL leichte Mayonnaise
- 1 EL Sojasauce
- 1 EL Honig
- 3 EL süße Chilisauce
- 2 EL Chilisauce
- 1 EL Erdnussbutter
- 3 Knoblauchzehen, abgezogen und fein gehackt

1 Maismehl mit Paprikapulver verrühren und in eine Schüssel geben. Eier und Semmelbrösel ebenfalls in Schüsseln geben. Das Fleisch zunächst in der Maismehlmischung, dann in den Eiern wenden. Überschüssiges Ei abtropfen lassen und das Fleisch zum Schluss in den Semmelbröseln wenden. 20 bis 22 Minuten bei 200 °C in der Heißluftfritteuse frittieren.

2 Inzwischen die Zutaten für den Dip in einem Topf unter Rühren bei mittlerer Temperatur erhitzen.

3 Die Hähnchenbruststreifen mit dem Erdnussdip servieren.

Für frische Semmelbrösel Vollkornbrötchen klein schneiden und in der Küchenmaschine mahlen.

PRO PORTION **518** KCAL

Bei diesem tollen Fakeaway-Gericht ist das mit Chili und Knoblauch aromatisierte Fleisch genauso knusprig wie bei der Version aus der normalen Fritteuse, hat aber deutlich weniger Kalorien. Es schmeckt nicht nur mit Rindfleisch, sondern auch mit Hähnchen fantastisch; dafür einfach dieselbe Menge Hähnchenfleisch verwenden, dieses aber länger frittieren – 14 bis 15 Minuten. Steht Rind oder Hähnchen mit Honig und Chili auf der Speisekarte, weiß ich sofort, was ich bestelle.

Rind mit Honig und Chili

FÜR 3 PORTIONEN

500 g mageres Rindersteak, in Streifen geschnitten
1 EL dunkle Sojasauce
3 EL Maismehl, gemischt mit 1 TL Knoblauchgranulat und 1 TL gemahlenem Ingwer
kalorienarmes Ölspray
1 Zwiebel, abgezogen und grob gehackt
1 rote Paprikaschote, grob gehackt
600 g gegarter Reis

Für die Sauce

5 EL Orangensaft
5 Knoblauchzehen, abgezogen und fein gehackt
5 EL Honig
1 TL Chiliflocken
1 EL dunkle Sojasauce
4 EL helle Sojasauce
1 TL Reisessig

Mit 200 Gramm Reis serviert hat das Gericht pro Portion 260 Kilokalorien mehr.

1 Die Rindfleischstreifen zunächst in der Sojasauce und anschließend in der Maismehlmischung wenden. Gründlich mit Öl einsprühen und 10 Minuten bei 200 °C in der Heißluftfritteuse frittieren.

2 In der Zwischenzeit die Zutaten für die Sauce in eine Schüssel geben und verrühren.

3 Zwiebel und Paprika in einen Topf geben und bei mittlerer Temperatur in 5 Minuten weich dünsten. Die Sauce dazugeben und das Fleisch unterrühren.

4 Die Sauce etwas eindicken lassen und anschließend alles mit dem Reis servieren.

PRO PORTION **595** KCAL

Dieses sensationelle Fakeaway schmeckt wie vom Chinesen, hat aber eine deutlich bessere Nährwertbilanz. Wer das Gericht mit noch mehr Sauce genießen möchte, kauft sich etwas Currysauce im Glas, erhitzt sie und gibt sie über das Fleisch. Doch auch ohne Extrasauce ist das Chili-Knoblauch-Hähnchen herrlich aromatisch und einfach köstlich!

Chili-Knoblauch-Hähnchen

FÜR 2 PORTIONEN

1 Ei, verquirlt
3 Hähnchenbrustfilets, längs in Scheiben geschnitten
3 gehäufte EL Maismehl
1 TL mildes Chilipulver
½ TL Fünf-Gewürze-Pulver
1 TL Knoblauchpulver
1 EL Salz
1 TL Pfeffer
kalorienarmes Ölspray
1 rote Paprikaschote, in Streifen geschnitten
1 Zwiebel, abgezogen und gehackt
5 Knoblauchzehen, abgezogen und fein gehackt
1 EL Sojasauce
1 TL Reiswein
1 TL Chiliflocken

1 Das Ei in eine Schüssel geben und das Fleisch darin wenden. In einer zweiten Schüssel Maismehl, Chilipulver, Fünf-Gewürze-Pulver, Knoblauchpulver, Salz und Pfeffer verrühren und das Fleisch auch darin wenden. Mit Öl einsprühen und 15 Minuten bei 180 °C in der Heißluftfritteuse frittieren.

2 Paprika und Zwiebel in einen Topf geben und bei mittlerer Hitze braten. Knoblauch, Sojasauce, Reiswein sowie Chiliflocken dazugeben und erhitzen. Das Fleisch unterrühren, noch einmal alles erhitzen und servieren.

Mit 200 Gramm Reis serviert hat das Gericht pro Portion 260 Kilokalorien mehr.

PRO PORTION **511** KCAL

Ich liebe Döner Kebab, und das nicht nur weil es mich an meine Studienzeit erinnert, in der ich nach einem Abend mit Freunden mehr als einmal mit einem Döner in der Hand nach Hause kam. Das klassische Takeaway-Gericht macht einfach glücklich – und in dieser Fakeaway-Version sogar noch glücklicher. Genießen Sie das Fleisch in Pita- oder Fladenbrot mit etwas Salat, Tomate und roter Zwiebel. Meine Lieblingssaucen sind eine kalorienarme Knoblauchmayo und eine scharfe Kebabsauce, Sriracha-Sauce passt aber auch gut dazu.

Döner Kebab

FÜR 4 PORTIONEN

600 g Lammhackfleisch, je magerer, desto besser
1 TL gemahlener Kreuzkümmel
1 TL Paprikapulver
1 TL Chilipulver
1 TL Zwiebelpulver
1 TL gemahlener Koriander
½ TL getrockneter Oregano
3 Knoblauchzehen, abgezogen und fein gehackt

1 Lammhackfleisch, Kreuzkümmel, Paprikapulver, Chilipulver, Zwiebelpulver, Koriander, Oregano und Knoblauch in eine Schüssel geben und vermengen. Die Fleischmischung zu einer Rolle formen.

2 Die Fleischrolle 35 Minuten bei 180 °C in der Heißluftfritteuse frittieren. Anschließend in dünne Scheiben schneiden und mit den gewünschten Beilagen servieren.

Für eine leichte Knoblauchmayo etwas leichte Mayonnaise mit fein gehacktem Knoblauch verrühren. In der Kalorienangabe sind das Fladenbrot und alle oben vorgeschlagenen Beilagen enthalten.

PRO PORTION
468
KCAL

Es soll tatsächlich Menschen geben, die süßsaure Gerichte nicht mögen (unfassbar), doch selbst wenn Sie sich zu dieser Gruppe zählen sollten, verspreche ich Ihnen, dass Sie dieses Gericht lieben werden. Saftiges Hähnchenfleisch in einer superwürzigen Sauce – wem kann so etwas nicht schmecken? Ich serviere das Hähnchen süßsauer gern mit Reis oder Nudeln; mit 150 Gramm Reis erhöhen sich die Kalorien auf 624 Kilokalorien pro Portion.

Hähnchen süßsauer

FÜR 3 PORTIONEN

- 1 Ei, verquirlt
- 3 EL Maismehl
- 1 EL Knoblauchpulver
- 3 Hähnchenbrustfilets, in mundgerechte Stücke geschnitten
- 1 Zwiebel, abgezogen und gehackt
- je 1 rote und gelbe Paprikaschote, in mundgerechte Stücke geschnitten
- 225 g Wasserkastanien aus der Dose, abgegossen

Für die süßsaure Sauce

- 300 ml Ananassaft
- 80 ml Reisessig
- 5 EL Ketchup (ich verwende zuckerarmes)
- 1 EL Tomatenmark
- 1 EL dunkle Sojasauce
- 2 EL helle Sojasauce
- 1½ EL Maismehl
- 2–3 EL Honig
- 3 Knoblauchzehen, abgezogen und fein gehackt

Wenn es noch schneller gehen soll, können Sie die Sauce auch einfach zu bereits gegartem magerem Hähnchenfleisch geben.

1 Das Ei in eine Schüssel geben. Maismehl und Knoblauchpulver in eine zweite Schüssel geben und verrühren. Das Fleisch zunächst im Ei und dann in der Maismehlmischung wenden. 12 bis 15 Minuten bei 200 °C in der Heißluftfritteuse frittieren.

2 In der Zwischenzeit die Saucenzutaten mit 100 Milliliter Wasser in eine Schüssel geben und verrühren.

3 Zwiebel, Paprika und Wasserkastanien in einem Topf bei mittlerer Hitze in etwas Öl weich dünsten. Fleisch sowie Sauce dazugeben und erwärmen. Die Sauce wird fast augenblicklich eindicken; dann kann das Ganze serviert werden.

PRO PORTION 660 KCAL

Dieses Gericht ist von einem der berühmtesten Burger der Welt inspiriert – Sie wissen schon, von welchem. Diese Version eines unserer absoluten Fast-Food-Must-haves macht ebenso satt wie das Original, ist jedoch figurfreundlicher, nicht zuletzt aufgrund des magereren Rindfleischs, aber natürlich auch durch die Zubereitung in der Heißluftfritteuse.

»Kein Fast Food«-Burger

FÜR 3 BURGER

- 6 Rindfleisch-Pattys, möglichst mager
- 3 Burgerbrötchen mit Sesam, halbiert
- Salatblätter, Rote-Zwiebel-Scheiben, Cheddarscheiben und Gewürzgurkenscheiben zum Belegen

Für die Sauce (reicht für 4 Burger)

- 4 EL Mayonnaise
- 3 EL Ketchup
- 1 TL Knoblauchpulver
- 1 TL Zwiebelpulver
- 1 EL Dijonsenf
- 1 EL Gewürzgurkenflüssigkeit

1 Die Rindfleisch-Pattys 12 bis 15 Minuten bei 190 °C in der Heißluftfritteuse frittieren – 12 Minuten bei dünneren Pattys und 15 Minuten bei dickeren.

2 In der Zwischenzeit für die Sauce Mayonnaise, Ketchup, Knoblauchpulver, Zwiebelpulver, Dijonsenf und Gewürzgurkenflüssigkeit in eine Schüssel geben und verrühren.

3 Die unteren Hälften der Burgerbrötchen mit Sauce bestreichen. Salatblätter, Rote-Zwiebel-Scheiben, 1 Patty und 1 Scheibe Cheddar darauflegen. Darauf 1 weiteren Patty und 1 weitere Scheibe Cheddar legen. Mit Gewürzgurkenscheiben und den oberen Hälften der Burgerbrötchen abschließen. Übrig gebliebene Sauce kann für den nächsten Burgerhunger aufbewahrt werden.

PRO PORTION 300 KCAL

Zum ersten Mal habe ich dieses Gericht im Wagamama probiert und war so begeistert, dass ich sofort eine eigene Version entwickeln musste. Das »Feuerwerkshähnchen« braucht nicht unbedingt Nudeln und Reis als Beilage, es schmeckt auch nur mit etwas Gemüse, was diejenigen freuen wird, die auf Kohlenhydrate verzichten wollen. Zuckerschoten z. B. verleihen dem Gericht einen herrlichen Crunch. Mit 200 Gramm Reis hat es 260 Kilokalorien mehr, eine kleine Handvoll Erdnüsse steuern zusätzlich 124 Kilokalorien bei (siehe auch Tipp).

Firecracker Chicken

FÜR 3 PORTIONEN

1 Ei, verquirlt
3 gehäufte EL Maismehl
1 TL Knoblauchpulver
Salz und Pfeffer
350 g Hähnchenbrustfilets, in Stücke geschnitten
kalorienarmes Ölspray
150 g Zuckerschoten

Für die Sauce

4 Knoblauchzehen, abgezogen und fein gehackt
5 EL Honig
6–7 EL Sriracha-Sauce
3 EL dunkle Sojasauce
1 EL Malzessig
1 TL Tamarindenpaste

1 Das Ei in eine Schüssel geben. Maismehl, Knoblauchpulver, Salz und Pfeffer in eine zweite Schüssel geben und verrühren. Das Fleisch zuerst im Ei wenden. Überschüssiges Ei abtropfen lassen und das Fleisch anschließend in der Maismehlmischung wenden.

2 Das Fleisch rundum mit Öl besprühen und 12 bis 14 Minuten bei 200 °C in der Heißluftfritteuse frittieren.

3 In der Zwischenzeit für die Sauce alle Zutaten in eine Schüssel geben und verrühren.

4 1 bis 2 Minuten vor Ende der Frittierzeit etwas Öl in einen Wok sprühen und die Zuckerschoten darin weich dünsten.

5 Fleisch und Sauce dazugeben und alles noch einmal erhitzen. Das Firecracker Chicken sollte sehr heiß serviert werden.

Servieren Sie dieses Gericht mit Reis, Frühlingszwiebeln, einer Limettenspalte sowie einigen Erdnüssen. Der Limettensaft gleicht die Schärfe aus.

PRO PORTION
522
KCAL

Ich bin absolut vernarrt in dieses Rezept – es ist so einfach und erfordert weder große Kochkompetenz noch aufwendige Vorbereitungen. Während des Lockdowns habe ich die Pfannkuchen selbst zubereitet, heute kaufe ich sie meist im Supermarkt. Normalerweise gare ich Geflügel mit der Brustseite nach unten, doch in diesem Fall soll die Ente sogar etwas austrocknen – das macht sie noch knuspriger.

Hoisin-Ente auf Pfannkuchen

FÜR 4 PORTIONEN

2 EL Fünf-Gewürze-Pulver
1 TL Öl
1 ganze Ente
Salz und Pfeffer
1 Bio-Limette, halbiert
10 chinesische Pfannkuchen
Hoisin-Sauce zum Dippen
Frühlingszwiebeln, in sehr feine Stifte geschnitten
Salatgurke, in sehr feine Stifte geschnitten

1 Das Fünf-Gewürze-Pulver mit dem Öl verrühren und die Ente rundum mit der Mischung einreiben. Mit Salz und Pfeffer würzen. Die Limettenhälften in die Ente geben und die Ente 55 bis 60 Minuten bei 190 °C in der Heißluftfritteuse garen.

2 Die Ente 10 Minuten bei Zimmertemperatur ruhen lassen; dabei gart sie weiter und trocknet etwas aus.

3 Das Entenfleisch von den Knochen lösen, mit zwei Gabeln auseinanderzupfen und mit Pfannkuchen, Hoisin-Sauce sowie Frühlingszwiebel- und Gurkenstiften servieren.

Bei der Zubereitung für 2 Portionen oder um etwas Zeit zu sparen, können statt einer ganzen Ente auch zwei Entenbrüste verwendet werden. Diese brauchen in der Heißluftfritteuse nur 35 Minuten.

Beilagen

PRO PORTION
164
KCAL

Maiskolben mit Butter sind schon absolut fantastisch, doch kombiniert man sie mit Chimichurri, einer argentinischen Sauce, werden sie zu etwas Außergewöhnlichem. Mir ist bewusst, dass wir uns im Beilagenkapitel befinden, doch sind die Chimichurri-Maiskolben definitiv mehr als eine bloße Beilage – man kann sie beispielsweise mit einem Salat genauso gut als Hauptmahlzeit genießen.

Chimichurri-Maiskolben

FÜR 4 PORTIONEN

4 Maiskolben
kalorienarmes Ölspray
1 EL leichte oder Halbfettbutter

Für das Chimichurri-Dressing

1 Handvoll frische Petersilie, gehackt (dies ist die traditionelle Option, ich mische aber auch gern Basilikum mit hinein)
3 EL Olivenöl
5 Knoblauchzehen, abgezogen und fein gehackt
1 rote Chilischote, gehackt
1 Handvoll Kirschtomaten, fein gehackt
Salz und Pfeffer

1 Die Maiskolben rundum mit Öl einsprühen und mit der Butter bestreichen. In Alufolie wickeln und 18 bis 20 Minuten bei 180 °C in der Heißluftfritteuse frittieren.

2 Für das Chimichurri-Dressing Petersilie, Olivenöl, Knoblauch, Chili und Tomaten sowie Salz und Pfeffer in eine Schüssel geben und vermengen. Das Dressing über die Maiskolben träufeln und diese servieren.

Wer den Mais etwas dunkler mag, wickelt ihn nicht in Folie und gibt die zerlassene Butter erst nach dem Frittieren darauf.

PRO PORTION
187
KCAL

Dieses Gericht wirkt auf dem Teller vielleicht nicht besonders eindrucksvoll, steckt aber voller köstlicher Aromen. Ich habe mich dafür von einem sagenhaften japanischen Restaurant in Belfast inspirieren lassen, wo mir immer gesagt wurde: »Du musst unbedingt den Brokkoli probieren!« Hier also meine Version, die ich gern mit Aioli serviere. Die ist zwar nicht japanisch, macht aber auch glücklich.

Baby-Brokkoli im Tempura-Mantel

FÜR 4 PORTIONEN

80 g Mehl
80 g Maismehl
1 Ei
170 ml Mineralwasser mit Kohlensäure
½ TL gemahlene Kurkuma
Salz und Pfeffer
10–15 Stangen Baby-Brokkoli
kalorienarmes Ölspray
schwarze und weiße Sesamsamen zum Bestreuen
Aioli aus dem Glas
2 EL Sojasauce

1 Mehl sowie Maismehl in eine große Schüssel sieben und nach und nach das Ei sowie das Mineralwasser dazugeben. Dabei die ganze Zeit rühren. Gemahlene Kurkuma unterrühren, mit Salz und Pfeffer würzen.

2 Die Heißluftfritteuse 5 Minuten auf 200 °C vorheizen. Anschließend die Temperatur auf 190 °C reduzieren.

3 Die Baby-Brokkoli-Stangen nacheinander in die Teigmischung tauchen, überschüssiges Ei abtropfen lassen. Mit Öl besprühen und für 7 bis 8 Minuten in der Heißluftfritteuse frittieren.

4 Den frittierten Baby-Brokkoli mit Sesamsamen bestreut servieren. Aioli und Sojasauce zum Dippen dazu servieren.

PRO PORTION **144** KCAL

Die Idee für mein mediterranes Gemüse habe ich mir von dem Gericht Cacio e Pepe geholt – mit Käse (Parmesan) und schwarzem Pfeffer bestreute Spaghetti. Die Käse-Pfeffer-Mischung passt aber nicht nur zu Nudeln, sie macht sich auch ausgezeichnet mit Gemüse. Wenn ich mir etwas für unter der Woche vorbereite, ist dies meine Lieblings-Gemüsebeilage, die man aber auch so, wie sie ist, genießen kann. Buon appetito!

Mediterranes Gemüse mit Parmesan und Pfeffer

FÜR 5 PORTIONEN

1 Zucchini, in Scheiben geschnitten
2 rote Zwiebeln, abgezogen und in Scheiben geschnitten
1 Handvoll Kirschtomaten
1 rote Paprikaschote, in Streifen geschnitten
1 gelbe Paprikaschote, in Streifen geschnitten
1 Aubergine, in Scheiben geschnitten
1 TL getrockneter Oregano
1 TL getrocknete Petersilie
1 TL schwarzer Pfeffer, frisch gemahlen
1 Prise Salz
1 EL Öl
70 g geriebener Parmesan

1 Zucchini, Zwiebeln, Tomaten, Paprika, Aubergine, Oregano, Petersilie, Pfeffer, Salz und Öl in die Heißluftfritteuse geben.

2 10 bis 12 Minuten bei 180 °C frittieren; wer das Gemüse dunkler mag, lässt es etwas länger drin.

3 2 Minuten vor Ende der Frittierzeit das Gemüse mit Parmesan bestreuen und den Käse goldbraun schmelzen lassen.

PRO PORTION **173** KCAL

Die Champignons im Teigmantel sind eine tolle Beilage, schmecken aber auch fantastisch auf einer Scheibe Toast als leichtes Mittagessen. Durch das Ölspray sind sie wirklich kalorienarm, wobei einem die Knoblauchmayo jedoch das beruhigende Gefühl vermittelt, auf nichts verzichtet zu haben.

Frittierte Champignons mit Knoblauchmayo

FÜR 4 PORTIONEN

400 g frische Champignons
70 g Mehl
Salz und Pfeffer
2 Eier, verquirlt
60 g Panko-Paniermehl
kalorienarmes Ölspray

Für die Knoblauchmayo
4 EL leichte Mayonnaise
3 Knoblauchzehen, abgezogen und gerieben
1 Prise Salz

1 Die Pilze putzen, mit Küchenpapier trocken tupfen und halbieren.

2 Das Mehl mit etwas Salz und Pfeffer in eine Schüssel geben und verrühren. Eier und Panko getrennt in weitere Schüsseln geben. Die Pilze einzeln zuerst in Mehl, dann in den Eiern und zum Schluss in Panko wenden. Mit Öl einsprühen und 17 Minuten bei 180 °C in der Heißluftfritteuse frittieren. Dabei wenn möglich nach der Hälfte der Frittierzeit wenden (nicht schütteln, sonst hält die Panade nicht).

3 Für die Knoblauchmayo Mayonnaise, Knoblauch und Salz in einer Schüssel verrühren. Zu den frittierten Champignons servieren.

Bleiben die Pilze ganz, müssen sie ein, zwei Minuten länger frittiert werden.

PRO PORTION
246
KCAL

Diese Süßkartoffel-Wedges passen als Beilage zu beinahe allem, sie eignen sich aber auch hervorragend als leichter Happen zum Mittag- oder Abendessen. Basilikum, Knoblauch, Zitrone und Chili – da kann man einfach nichts falsch machen. Ich persönlich könnte in dieser Form Süßkartoffeln kiloweise verdrücken …

Süßkartoffel-Wedges mit Chili-Zitronen-Dressing

FÜR 4 PORTIONEN

1 kg Süßkartoffeln, mit Schale in Wedges geschnitten
kalorienarmes Ölspray
Salz

Für das Dressing

1 Handvoll frisches Basilikum
1 rote Chilischote, entkernt und fein gehackt
4 Knoblauchzehen, abgezogen und fein gehackt
abgeriebene Schale und Saft von 1 Bio-Zitrone
1 EL Öl
1 Prise Salz

1 Die Süßkartoffel-Wedges mit Öl einsprühen, mit Salz bestreuen und 15 Minuten bei 200 °C in der Heißluftfritteuse frittieren. Nach der Hälfte der Frittierzeit durch Schütteln wenden, da Süßkartoffeln schnell garen und leicht verbrennen können.

2 In der Zwischenzeit für das Dressing Basilikum, Chili, Knoblauch, Zitronenschale, Zitronensaft, Öl und Salz in eine Schüssel geben und verrühren.

3 Die Süßkartoffel-Wedges mit dem Dressing beträufeln und nach Belieben mit Basilikumblättern garniert servieren.

PRO PORTION **182** KCAL

Röstkartoffeln aus der Heißluftfritteuse schmecken einfach wunderbar, und wenn man sie mit einem kalorienarmen Öl besprüht, ist das Ganze auch noch figurfreundlich. Bei diesem Rezept lohnt es sich allerdings, etwas normales Öl dazuzugeben, weil das geschmacklich tatsächlich noch einmal einen Unterschied macht. Vorgekochte Kartoffeln werden beim Rösten innen besonders fluffig.

Röstkartoffeln mit frischem Rosmarin

FÜR 4 PORTIONEN

600 g Kartoffeln, geschält und in Stücke geschnitten
2 EL Öl oder etwas kalorienarmes Ölspray
frischer Rosmarin, gehackt
Salz und Pfeffer

1 Die Kartoffeln 8 Minuten vorkochen. Anschließend das Wasser abgießen und die Kartoffeln im Topf etwas schütteln, um sie aufzulockern.

2 Die vorgekochten Kartoffeln in die Heißluftfritteuse geben. Dabei vorher den Rost herausnehmen, falls die Heißluftfritteuse einen hat – die Kartoffeln sollen direkt im Öl frittiert werden. Das Öl dazugeben.

3 Die Kartoffeln 22 Minuten bei 200 °C frittieren; dabei nach 10 und dann noch einmal nach 15 Minuten schütteln. Bei Bedarf etwas mehr Öl dazugeben.

4 Die Kartoffeln in den letzten Frittierminuten mit Rosmarin sowie mit Salz und Pfeffer bestreuen.

Wer das Öl durch kalorienarmes Ölspray ersetzt, spart pro Portion 230 Kilokalorien.

PRO PORTION 210 KCAL

Diese Pommes sind Pommes der Extraklasse, die ich schon zu allem Möglichen gegessen habe: zu Burgern, in Currys, zu Nudeln oder einfach nur mit Sauce. Bei diesem Rezept habe ich etwas gemogelt, da ich Currysauce aus dem Supermarkt verwende; Sie können sie natürlich auch selbst zubereiten oder weglassen und die Pommes »oben ohne« genießen.

Paprika-Pommes mit Currysauce

FÜR 3 PORTIONEN

500 g Kartoffeln, geschält und in Stifte geschnitten
Salz und Pfeffer
kalorienarmes Ölspray
1 Zwiebel, abgezogen und in Scheiben geschnitten
je 1 rote und grüne Paprikaschote, in Streifen geschnitten
Frühlingszwiebeln, in Ringe geschnitten
1 TL Chiliflocken
1 gehäufter TL Fünf-Gewürze-Pulver
1 TL Knoblauchpulver
1 Glas Currysauce

1 Die Kartoffeln 15 Minuten in kaltem Wasser einweichen. Abgießen und mit einem sauberen Geschirrtuch trocken tupfen. Dann auf hoher Stufe 8 Minuten in der Mikrowelle garen.

2 Mit Salz und Pfeffer würzen sowie rundum mit Öl einsprühen. Anschließend 15 bis 20 Minuten – je nach Dicke der Stifte – bei 200 °C in der Heißluftfritteuse frittieren. Nach der Hälfte der Frittierzeit die Kartoffeln durch Schütteln wenden.

3 Etwa 2 Minuten vor Ende der Frittierzeit Zwiebel, Paprika und Frühlingszwiebelringe in einer Pfanne bei mittlerer Temperatur weich dünsten. Mit Chiliflocken, Fünf-Gewürze-Pulver und Knoblauchpulver würzen.

4 Die Pommes zum Gemüse in die Pfanne geben.

5 Die Currysauce stark erhitzen und kurz vor dem Servieren über die Pommes-Gemüse-Mischung geben.

Es gibt Currysauce in Behältern zu kaufen, die man in die Mikrowelle stellen kann – super praktisch!

PRO PORTION
270
KCAL

Als ich dieses Rezept zum ersten Mal ins Netz stellte, ging es sofort viral. Die fantastisch knusprigen Kartoffelwürfel sind die, die Sie im Restaurant so lieben, allerdings hier in einer kalorienarmen Variante. Außerdem müssen die Kartoffeln weder vorgekocht noch geschält werden. Dazu noch Knoblauch und Parmesan – besser geht's nicht!

Kartoffelwürfel mit Knoblauch und Parmesan

FÜR 4 PORTIONEN

700 g Frühkartoffeln, mit Schale in Würfel geschnitten
1 TL Paprikapulver
1 EL Öl
1 Prise Salz
100 g leichte oder Halbfettbutter
4 Knoblauchzehen, abgezogen und fein gehackt
20 g geriebener Parmesan

1 Kartoffelwürfel, Paprikapulver, Öl und Salz in eine Schüssel geben und vermengen.

2 Die gewürzten Kartoffeln 20 Minuten bei 200 °C in der Heißluftfritteuse frittieren. Dabei 3-mal durch Schütteln wenden, damit sie gleichmäßig frittiert werden.

3 Butter sowie Knoblauch in eine mikrowellengeeignete Schüssel geben und in der Mikrowelle erhitzen, bis die Butter geschmolzen ist. Man kann das natürlich auch in einem Topf machen, doch ist die Mikrowelle die schnellere Option.

4 Die frittierten Kartoffelwürfel in eine große Schüssel geben, die Knoblauchbutter dazugeben und alles gründlich vermengen. Mit Parmesan bestreut servieren.

Süßes

PRO PORTION
356
KCAL

Ich zähle inzwischen nicht mehr mit, wie oft ich dieses leckere Popcorn mit weißer Schokolade schon zubereitet habe – sehr oft. Man kann mit Schokolade überzogenes Popcorn zwar auch im Supermarkt kaufen, doch ist das relativ teuer. Mit diesem Rezept können Sie es zu Hause viel preiswerter hin und wieder selbst machen (oder wie ich immer und immer wieder).

Popcorn mit weißer Schokolade

FÜR 3 PORTIONEN

65 g Popcornmais
120 g weiße Schokolade
2 EL Butter (ich verwende leichte oder Halbfettbutter)
1 EL Honig
1 TL Meersalz
1 ½ EL bunte Zuckerstreusel

1 Die Heißluftfritteuse auf 200 °C vorheizen.

2 Den Korb der Heißluftfritteuse mit Alufolie auskleiden und den Popcornmais hineingeben – mit Alufolie abgedeckt werden muss der Popcornmais nicht.

3 Den Popcornmais 8 bis 9 Minuten frittieren. Danach die Heißluftfritteuse etwa 30 Sekunden lang nicht öffnen, da einige der Maiskörner noch immer poppen können.

4 In der Zwischenzeit Schokolade sowie Butter in eine mikrowellengeeignete Schüssel geben und in 2-mal 1 Minute in der Mikrowelle schmelzen lassen. Anschließend Honig sowie Salz unter die Schokoladenmischung rühren.

5 Das Popcorn mit der Schokoladenmischung in eine große Schüssel geben und alles gründlich vermengen. Mit bunten Zuckerstreuseln bestreut servieren.

PRO PORTION **290** KCAL

Ich traue mich gar nicht zu sagen, wie oft in meinem Leben ich schon arme Ritter zubereitet habe, doch im Grunde schäme ich mich nicht dafür. Bei dieser Miniversion wechsle ich häufiger mal die Sauce: Sie können statt der Spekulatiussauce problemlos auch einen Schoko-Nuss-Brotaufstrich oder Beerenkompott verwenden – die kleinen armen Ritter schmecken immer fantastisch.

Kleine arme Ritter mit Spekulatiussauce

FÜR 4 PORTIONEN

1 Sauerteig- oder anderes Brot
2 Eier, verquirlt
200 ml Milch
1 TL Vanilleextrakt
1 TL Zimtpulver
kalorienarmes Ölspray
1 EL Puderzucker
2 EL Spekulatiuscreme ohne Stücke

1 Das Brot in mundgerechte Stücke schneiden. Wer die armen Ritter weicher mag, kann vorher die Brotrinde entfernen.

2 Eier, Milch, Vanilleextrakt sowie Zimtpulver in eine Schüssel geben und verrühren. Die Brotstücke in die Mischung tauchen, überschüssige Mischung abtropfen lassen. Die Brotstücke anschließend rundum mit Öl einsprühen und 6 bis 7 Minuten bei 190 °C in der Heißluftfritteuse frittieren.

3 Die fertigen armen Ritter mit Puderzucker bestäuben.

4 Die Spekulatiuscreme in eine mikrowellengeeignete Schüssel geben und in 50 bis 60 Sekunden in der Mikrowelle schmelzen. Die kleinen armen Ritter mit der Spekulatiussauce beträufelt servieren.

PRO PORTION 155 KCAL

Dieses Rezept eignet sich perfekt, wenn Ihnen nach etwas Süßem ist, Sie in puncto Kalorien aber nicht über die Stränge schlagen wollen. Die Vanillesauce besteht aus Ei, Joghurt und natürlich Vanille und schmeckt einfach großartig. Ist der süße Hunger damit noch nicht gestillt, kann man die Toasts auch noch mit Schokoladenstückchen belegen.

Toast mit Vanillesauce und Beeren

FÜR 3 PORTIONEN

3 dicke Scheiben Weißbrot
3 gehäufte EL Joghurt
1 TL Vanilleextrakt
1 Ei
1 Handvoll frische Blaubeeren
6 Erdbeeren, in Scheiben geschnitten
Schokoladenstückchen (optional)
1 EL Honig zum Beträufeln (optional)

1 In die Mitte der Brotscheiben mit dem Rücken eines Löffels jeweils eine Mulde für die Beeren drücken.

2 Joghurt, Vanilleextrakt und Ei in eine Schüssel geben und verrühren. Die Mischung gleichmäßig auf den Brotscheiben verteilen. Blaubeeren, Erdbeeren und Schokoladenstückchen daraufgeben.

3 Die Brotscheiben 8 Minuten bei 180 °C in der Heißluftfritteuse frittieren.

4 Mit Honig beträufelt und nach Belieben mit frischen Minzeblättern garniert servieren.

In der Kalorienangabe sind weder die Schokoladenstückchen noch der Honig enthalten, beides ist jedoch sehr zu empfehlen!

PRO PORTION
272
KCAL

Die köstlichen, knusprigen kleinen Päckchen sind von Baklava inspiriert – mit gehackten Nüssen gefülltem und mit Honig oder Zuckersirup getränktem Filoteig. Zugegeben: Die Päckchen haben aufgrund der Butter und des Schoko-Nuss-Aufstrichs nicht gerade wenig Kalorien, sind die kleine Sünde jedoch wert. Sie können die Päckchen auch zu einer Kugel rollen oder wie ein Samosa falten.

Filoteigpäckchen

FÜR 8 PÄCKCHEN

50 g gehackte Pistazien
180 g Schokoladen-Nuss-Brotaufstrich
1 Prise Meersalz
5 EL Honig
abgeriebene Schale von 1 Bio-Limette
4 Blätter Filoteig
80 g Butter, zerlassen

1 Pistazien, Schoko-Nuss-Aufstrich, Meersalz, Honig und Limettenschale in eine Schüssel geben und verrühren.

2 Die Filoteigblätter nebeneinander auf die Arbeitsfläche legen. Mit der zerlassenen Butter bestreichen, aufeinanderlegen und in 8 Quadrate schneiden. (Größere Blätter müssen wahrscheinlich in 10 Quadrate geschnitten werden.)

3 Etwa 1 ½ Teelöffel der Nuss-Schokoladen-Honig-Mischung mittig auf jedes Filoteigquadrat geben. Die Teigquadrate zu Päckchen falten und diese mit der restlichen zerlassenen Butter bestreichen.

4 Die Filoteigpäckchen etwa 8 Minuten bei 200 °C in der Heißluftfritteuse frittieren.

5 Die Päckchen vor dem Servieren etwas abkühlen lassen, da Schokolade und Honig sehr heiß sein werden.

Für Gäste die Päckchen mit Honig beträufelt und mit gehackten Pistazien bestreut servieren.

PRO STÜCK **185** KCAL

Normalerweise werden Donuts aus Hefeteig hergestellt und frittiert – meine Version hier geht nicht nur viel schneller, sie ist durch das stark reduzierte Frittierfett auch noch viel kalorienfreundlicher. Bei den Toppings dürfen Sie ruhig kreativ sein und die Donuts statt mit Zuckerglasur beispielsweise mit etwas geschmolzener Schokolade bestreichen. Das Rezept ergibt 8 Donuts, doch seien Sie gewarnt: Sie werden wahrscheinlich mehr als einen essen!

Donuts für Faule

FÜR 8 DONUTS

- 200 g Mehl mit Backpulver + etwas mehr für die Arbeitsfläche
- 1 Ei
- 200 g griechischer Joghurt
- 1 TL Vanilleextrakt
- 1 TL Streusüßstoff (optional)
- kalorienarmes Ölspray

Für die Glasur bzw. zum Wenden (optional)

- 80 g Puderzucker
- 3 EL fettarme Milch
- 1 TL Zimtpulver
- 2 EL Zucker
- 3 EL Halbfettbutter, zerlassen

1 Mehl, Ei, Joghurt, Vanilleextrakt und Süßstoff in eine Schüssel geben und zu einem Teig kneten.

2 Den Teig auf der bemehlten Arbeitsfläche in 4 Stücke teilen und diese zu langen, dünnen Strängen rollen. Die Stränge längs halbieren und jeweils zu einem Ring formen.

3 Die Heißluftfritteuse mit Backpapier auslegen und anschließend vorheizen, damit die Donuts gleich ins Heiße kommen.

4 Die Donuts rundum mit Öl einsprühen und 7 Minuten bei 200 °C frittieren. Nach der Hälfte der Frittierzeit wenden.

5 Für die Glasur bzw. zum Wenden Puderzucker und Milch in einer Schüssel verrühren und die Hälfte der Donuts mit der Glasur bestreichen. Zimtpulver und Zucker in eine zweite Schüssel geben und ebenfalls verrühren. Die restlichen Donuts in die zerlassene Butter tauchen und in Zimtzucker wenden.

Wer mag, taucht die glasierten Donuts in bunte Zuckerstreusel, statt sie mit Zimtzucker zu bestreuen.

PRO PORTION 340 KCAL

Diese Leckerei ist so schnell zubereitet, dass ich mich fast scheue, dies ein Rezept zu nennen – Sie brauchen dafür nur drei Zutaten. Als ich es in den Sozialen Medien postete, ging es in einem Ausmaß viral, das ich bis dahin nicht gekannt hatte – es tauchte sogar in landesweiten Zeitschriften auf und schaffte es ins amerikanische Fernsehen! Wer keinen Croissantteig bekommt, ersetzt diesen einfach durch Blätterteig.

Schokoladenei-Croissants

FÜR 6 CROISSANTS

6 Schokoladeneier nach Wahl

1 Packung Croissantteig aus dem Kühlregal des Supermarkts

1 Ei, verquirlt

1 Die Schokoladeneier einzeln in je 1 Streifen Croissantteig wickeln. Die Teigstreifen anschließend zu Kugeln formen.

2 Die Kugeln mit dem verquirlten Ei bestreichen und anschließend 8 Minuten bei 180 °C in der Heißluftfritteuse frittieren.

PRO PORTION 104 KCAL

Ich liebe die süßen Pfirsiche, die kaum Vorbereitung erfordern. Ob Sie sie als Dessert bei einer Dinnerparty servieren oder ganz allein genießen – dieser Nachtisch ist immer ein Hingucker. Die kalorienarme Alternative zu schwerem Pudding wird sicherlich auch Ihren süßen Hunger stillen.

Pfirsiche mit Eiscreme, Honig und Pistazien

FÜR 4 PORTIONEN

4 EL Honig + etwas mehr zum Beträufeln
1 gehäufter TL Zimtpulver
2 frische Pfirsiche, halbiert und entsteint
kalorienarmes Ölspray
Eiscreme nach Wahl, vorzugsweise eine kalorienarme Variante oder die Sorte Frozen Yogurt
1 Handvoll gehackte Pistazien
frische Minzeblätter

1 Honig sowie Zimtpulver in eine Schüssel geben und gründlich verrühren.

2 Die Pfirsichhälften rundum mit Öl besprühen und anschließend 5 Minuten bei 170 °C in der Heißluftfritteuse frittieren. Die Honig-Zimt-Mischung darübergeben und die Pfirsiche 8 Minuten weiterfrittieren. Man kann die Pfirsiche auch gleich zu Beginn mit der Mischung beträufeln, doch dann karamellisieren sie vielleicht zu stark und verbrennen.

3 Die Pfirsiche 2 Minuten abkühlen lassen. Mit Eiscreme auf Tellern anrichten und mit gehackten Pistazien sowie frischen Minzeblättern bestreut und mit Honig beträufelt servieren.

PRO PORTION **535** KCAL

Ich esse sehr gern Kekse, backe aber ungern ein ganzes Blech davon, weil ich die Kekse dann entweder alle aufessen oder teilweise einfrieren muss. (Mein Tiefkühlfach ist sehr klein, ich muss mir also gut überlegen, was ich da reintue.) Manchmal ist einem auch nur nach *einem* Keks, und hier kommt dieses Rezept ins Spiel. Der Keks ist groß und sollte deshalb für zwei Leute reichen – zumindest theoretisch. Ich esse ihn hin und wieder aber auch ganz allein auf und schäme mich noch nicht einmal dafür.

Riesenkeks

FÜR 2 PORTIONEN

70 g Mehl
¼ TL Natron
1 Prise Meersalz
3 EL leichte Butter, zerlassen
5 EL brauner Zucker
1 Ei (Größe L)
¾ TL Vanilleextrakt
1 großzügige Handvoll weiße Schokochips
1 Handvoll gehackte Nüsse (ich verwende Macadamianüsse)

1 Mehl, Natron und Salz in eine Schüssel geben und verrühren.

2 Zerlassene Butter und braunen Zucker in eine zweite Schüssel geben und ebenfalls verrühren. Ei und Vanilleextrakt unterrühren. Die Buttermischung zur Mehlmischung geben und alles so lange verrühren, bis sich ein Teig bildet. Zum Schluss die weiße Schokolade sowie die gehackten Nüsse mit einem Spatel unter den Teig heben.

3 Den Teig zu einer Kugel formen und diese in die mit Backpapier ausgelegte Heißluftfritteuse legen. 12 bis 13 Minuten bei 160 °C frittieren.

4 Wer kann, gibt den Teig in einer Keksform (15 cm Ø) in die Heißluftfritteuse.

Register